ترجمہ مفہوم القرآن

جلد دوم: سورۃ الانفال تا سورۃ طٰہٰ

رفعت اعجاز

مرتبہ: اعجاز عبید

© Taemeer Publications LLC

Tarjuma Mafhoomul Quran : Part-2 *(Quran Translation)*
by: Rif'at Aijaz
Edition: March '2025
Publisher :
Taemeer Publications LLC (Michigan, USA / Hyderabad, India)

ISBN 978-93-6908-683-2
9 789369 086832

مصنف یا ناشر کی پیشگی اجازت کے بغیر اس کتاب کا کوئی بھی حصہ کسی بھی شکل میں بشمول ویب سائٹ پر
اَپ لوڈنگ کے لیے استعمال نہ کیا جائے۔ نیز اس کتاب پر کسی بھی قسم کے تنازع کو نمٹانے کا اختیار
صرف حیدرآباد (تلنگانہ) کی عدلیہ کو ہوگا۔

© تعمیر پبلی کیشنز

کتاب : **ترجمہ مفہوم القرآن** (حصہ :2)

مصنف : **رفعت اعجاز**

تدوین / ترتیب : اعجاز عبید

صنف : مذہب

ناشر : تعمیر پبلی کیشنز (حیدرآباد، انڈیا)

سالِ اشاعت : ۲۰۲۵ء

صفحات : ۲۱۸

سرورق ڈیزائن : تعمیر ویب ڈیزائن

مفہوم القرآن.....جلد دوم

سورۃ الانفال تا سورۃ طٰہٰ

فہرست

۸۔ سورۃ الانفال 3

۹۔ سورۃ توبۃ 17

۱۰۔ سورۃ یونس 42

۱۱۔ سورۃ ہود 61

۱۲۔ سورۃ یوسف 82

۱۳۔ سورۃ الرعد 102

1

۱۴۔ سورة ابراہیم	111
۱۵۔ سورة الحجر	120
۱۶۔ سورة النحل	130
۱۷۔ سورة الاسراء / بنی اسرائیل	151
۱۸۔ سورة الکہف	169
۱۹۔ سورة مریم	186
۲۰۔ سورة طٰہٰ	198

۸۔ سورۃ الانفال

۱. (اے نبی ﷺ!) مجاہد لوگ آپ سے انفال (مال زائد) کے بارے میں دریافت کرتے ہیں (کہ کیا حکم ہے؟) کہہ دیں کہ مال غنیمت اللہ اور اس کے رسول کا ہے۔ تو اللہ سے ڈرو اور آپس میں صلح رکھو اور اگر ایمان رکھتے ہو تو اللہ اور اس کے رسول کے حکم پر چلو۔

۲. مومن تو وہ ہیں کہ جب اللہ کا ذکر کیا جاتا ہے تو ان کے دل ڈر جاتے ہیں اور جب انہیں اللہ کی آیتیں پڑھ کر سنائی جاتی ہیں تو یہ (آیات) ان کا ایمان زیادہ کر دیتی ہیں اور وہ اپنے رب پر بھروسہ رکھتے ہیں۔

۳. اور وہ نماز پڑھتے ہیں اور جو رزق ہم نے ان کو دیا ہے اس میں سے خرچ کرتے ہیں۔

۴. یہی سچے مومن ہیں۔ اور ان کے لیے ان کے رب کے پاس بڑے درجے، بخشش اور عزت کی روزی ہے۔

۵۔ (ان لوگوں کو اپنے گھروں سے اسی طرح نکلنا چاہیے تھا) جس طرح آپ کے رب نے آپ کو تدبیر کے ساتھ آپ کے گھر سے نکالا اور اس وقت مومنوں کی ایک جماعت ناخوش تھی ۔

۶۔ وہ لوگ حق بات میں اس کے ظاہر ہونے بعد آپ سے جھگڑ پڑے گویا موت کی طرف دھکیلے جا رہے ہوں اور موت کو دیکھ رہے ہوں ۔

۷۔ اور جب اللہ نے تم سے وعدہ کیا تھا (ابو سفیان اور ابو جہل) کہ دو گروہوں میں سے ایک گروہ تمہارے لیے (مسخر) ہو جائے گا ۔ اور تم چاہتے تھے کہ جو قافلہ بے شان و شوکت ، یعنی بے ہتھیار ہی وہ تمہارے ہاتھ آ جائے اور اللہ چاہتا تھا کہ اپنے حکم سے حق کو قائم رکھے اور کافروں کی جڑ کاٹ کر رکھ دے ۔

۸۔ تاکہ سچ کو سچ اور جھوٹ کو جھوٹ کر دے گو مجرموں کو ناگوار ہی ہو۔

۹۔ جب تم اپنے رب سے فریاد کرتے تھے تو اس نے تمہاری دعا قبول کر لی اور فرمایا کہ میں ہزار فرشتوں سے جو ایک دوسرے کے پیچھے آتے جائیں گے تمہاری مدد کروں گا۔

۱۰۔ اور اس مدد کو اللہ نے صرف بشارت بنایا تھا تاکہ تمہارے دل مطمئن ہو جائیں اور مدد تو اللہ ہی کی طرف سے ہے ، بیشک اللہ غالب حکمت والا ہے۔

۱۱۔ جب اس نے تمہارا خوف دور کرنے کے لیے اپنی طرف سے تم پر غنودگی طاری کر دی اور تم پر آسمان سے پانی برسا دیا تاکہ تم کو (اس سے نہلا کر) پاک کر دے اور شیطانی

نجاست کو تم سے دور کر دے اور اس لیے بھی کہ تمہارے دلوں کو مضبوط کر دے اور اس طرح تمہارے پاؤں جمائے رکھے۔

۱۲. جب تمہارا رب فرشتوں کو حکم دے رہا تھا کہ میں تمہارے ساتھ ہوں تم مومنوں کو تسلی دو کہ ثابت قدم رہیں، میں ابھی کافروں کے دلوں میں رعب ڈال دوں گا۔ تم ان کی گردنیں اڑا دو اور ان کی پور پور کاٹ دو۔

۱۳. یہ سزا اس لیے دی گئی کہ انہوں نے اللہ اور اس کے رسول صلی اللہ علیہ وآلہ وسلم کی مخالفت کی اور جو شخص اللہ اور اس کے رسول کی مخالفت کرتا ہے تو اللہ کا عذاب بھی بڑا سخت ہے۔

۱۴. یہ مزہ تو یہاں چکھو اور جان لو کہ کافروں کے لیے آخرت میں دوزخ کا عذاب بھی تیار ہے۔

۱۵. اے ایمان والو! جب میدان جنگ میں کفار سے تمہارا مقابلہ ہو تو ان سے پیٹھ نہ پھیرنا

۱۶. اور جو شخص جنگ کے روز حکمت عملی سے دشمن کو مارے یا اپنی فوج میں جا ملنا چاہے وہ ٹھیک ہے لیکن جو ان سے پیٹھ پھیرے گا تو سمجھو کہ وہ اللہ کے غضب میں گرفتار ہو گیا اس کا ٹھکانا دوزخ ہے اور وہ بہت بری جگہ ہے۔

۱۷. تم لوگوں نے ان (کفار) کو قتل نہیں کیا بلکہ اللہ نے ان کو قتل کیا ہے۔ اور (اے نبی صلی اللہ علیہ وآلہ وسلم!) جس وقت آپ نے کنکریاں پھینکی تھیں تو وہ آپ نے نہیں پھینکی تھیں بلکہ اللہ

نے پھینکی تھیں اس سے یہ غرض تھی کہ مومنوں کو اچھی طرح آزمالے، بیشک اللہ سنتا جانتا ہے۔

۱۸۔ بات یہ ہے کچھ شک نہیں کہ اللہ کافروں کی تدبیر کو کمزور کر دینے والا ہے۔

۱۹۔ کافرو! اگر تم فتح چاہتے ہو تو تمہارے پاس فتح آچکی، دیکھو! اگر تم اپنے کاموں سے باز آجاؤ تو تمہارے حق میں بہتر ہے۔ اگر پھر پہلے سے کام کرو گے تو ہم بھی ایسا ہی کریں گے اور تمہاری جماعت چاہے کتنی ہی بڑی کیوں نہ ہو تمہارے کام نہ آ سکے گی۔ اور اللہ تو یقیناً مومنوں کے ساتھ ہے۔

۲۰۔ اے ایمان والو! اللہ اور اس کے رسول کے حکم پر چلو اور اس سے مت پھرو۔

۲۱۔ اور ان لوگوں جیسے نہ ہونا جو کہتے ہیں کہ ہم نے (اللہ کا حکم) سن لیا مگر حقیقت میں سنتے نہیں۔

۲۲۔ کچھ شک نہیں کہ اللہ کے نزدیک تمام جانداروں سے بدتر وہ بہرے، گونگے لوگ ہیں جو کچھ نہیں سمجھتے۔

۲۳۔ اور اگر اللہ ان میں نیکی کا مادہ دیکھتا تو ان کو سننے کی توفیق دیتا اور (اگر بغیر صلاحیت کے) ان کو سنا دیتا تو وہ منہ پھیر کر بھاگ جاتے۔

۲۴.	مومنو! اللہ اور اس کے رسول کا حکم مانو جب کہ رسول اللہ ﷺ تمہیں ایسے کام کے لیے بلاتے ہیں جو تم کو (ہمیشگی کی) زندگی بخشتا ہے اور جان لو کہ اللہ آدمی اور اس کے دل کے درمیان حائل ہو جاتا ہے اور یہ بھی کہ تم سب اس کے سامنے جمع کیے جاؤ گے۔

۲۵.	اور بچو اس فتنہ سے جس کی مصیبت صرف ظالموں تک محدود نہ رہے گی اور جان لو کہ اللہ سخت عذاب دینے والا ہے۔

۲۶.	یاد کرو وہ وقت کہ جب تم تعداد میں بہت کم تھے۔ اور زمین میں تمہیں کمزور سمجھا جاتا تھا، تم ڈرتے رہتے تھے کہ کہیں لوگ تمہیں اچک کر نہ لے جائیں، پھر اللہ نے تمہیں پناہ کی جگہ دے دی اپنی مدد سے تمہارے ہاتھ مضبوط کیے، تمہیں اچھا رزق پہنچایا، تاکہ تم شکر گزار بنو۔

۲۷.	اے ایمان والو! جانتے بوجھتے اللہ اور اس کے رسول کے ساتھ خیانت نہ کرو۔

۲۸.	اور جان رکھو! کہ تمہارے مال اور تمہاری اولاد حقیقت میں تمہارے لیے آزمائش ہیں اور اللہ کے پاس اجر دینے کے لیے بہت کچھ ہے۔

۲۹.	اے ایمان والو! اگر تم اللہ سے ڈرتے رہو گے تو اللہ تعالیٰ (حق و باطل میں فرق کرنے والی) قوت امتیاز عطا کر دے گا۔ اور تمہاری برائیوں کو تم سے دور کر دے گا اور تمہارے قصور معاف کر دے گا۔ اللہ بڑا فضل کرنے والا ہے۔

۳۰۔ اور (اے نبی ﷺ!اس وقت کو یاد کرو) جب کافر تمہارے بارے میں چال چل رہے تھے کہ تم کو قید کر دیں، جان سے مار دیں یا وطن سے نکال دیں۔ ادھر تو وہ چال چل رہے تھے اور ادھر اللہ چال چل رہا تھا اور اللہ سب سے بہتر چال چلنے والا ہے۔

۳۱۔ اور جب ان کو ہماری آیتیں پڑھ کر سنائی جاتی ہیں تو کہتے ہیں یہ کلام ہم نے سن لیا ہے۔ اگر ہم چاہیں تو ایسا ہی کلام ہم بھی کہہ دیں اور یہ ہے ہی کیا صرف اگلے لوگوں کی حکایتیں ہیں۔

۳۲۔ اور جب انہوں نے کہا کہ اے اللہ! اگر یہ (قرآن) تیری طرف سے برحق ہے تو ہم پر آسمان سے پتھر برسا یا کوئی تکلیف دہ عذاب بھیج دے۔

۳۳۔ اور اللہ ایسا نہ تھا کہ جب تک آپ ان میں تھے انہیں عذاب دیتا اور نہ ایسا تھا کہ وہ بخشش مانگیں اور انہیں عذاب دے۔

۳۴۔ اور اب ان کے لیے کونسی وجہ ہے کہ انہیں عذاب نہ دے جبکہ وہ مسجد حرام میں نماز پڑھنے سے روکتے ہیں۔ اور وہ اس مسجد کے متولی بھی نہیں ہیں۔ اس کے متولی تو صرف پرہیزگار ہیں۔ لیکن ان میں سے اکثر نہیں جانتے۔

۳۵۔ اور ان لوگوں کی نمازخانہ کعبہ کے پاس سیٹیاں اور تالیاں بجانے کے سوا کچھ نہ تھی۔ تو تم جو کفر کرتے تھے اب اس کے بدلے عذاب کا مزہ چکھو۔

۳۶۔ جو لوگ کافر ہیں اپنا مال خرچ کرتے ہیں کہ لوگوں کو اللہ کے راستے سے روکیں۔ سو ابھی اور خرچ کریں گے مگر آخر و ہ خرچ کرنا ان کے لیے افسوس کا باعث ہوگا اور وہ مغلوب ہو جائیں گے۔ اور کافر لوگ دوزخ کی طرف ہانکے جائیں گے۔

۳۷۔ تاکہ اللہ پاک سے ناپاک کو علیحدہ کر دے اور ناپاک کو ایک دوسرے پر رکھ کر ڈھیر بنا دے، پھر اس ڈھیر کو دوزخ میں ڈال دے۔ یہی لوگ خسارہ پانے والے ہیں۔

۳۸۔ (اے پیغمبر ﷺ!) کفار سے کہہ دو کہ اگر وہ اپنے کاموں سے باز آ جائیں تو جو ہو چکا وہ معاف کر دیا جائے گا اور اگر پھر وہی کام کرنے لگیں گے تو پہلے لوگوں کے ساتھ جو کچھ ہو چکا ہے ان کے ساتھ بھی کیا جائے گا۔

۳۹۔ اور ان لوگوں سے لڑتے رہو، یہاں تک کہ کفر کا فتنہ باقی نہ رہے اور دین سب اللہ ہی کا ہو جائے اور اگر باز آ جائیں تو اللہ ان کے کاموں کو دیکھ رہا ہے۔

۴۰۔ اور اگر نہ مانیں تو جان لو کہ اللہ تمہارا حمایتی ہے وہ خوب حمایتی اور خوب مددگار ہے۔

۴۱۔ اور خوب جان لو کہ جو کچھ تمہیں مال غنیمت کے طور پر حاصل ہوا ہے اس کا پانچواں حصہ اللہ اور رسول کے لیے ہے۔ اور (رسول کے) قرابت داروں کے لیے یتیموں، مسکینوں اور مسافروں کے لیے ہے اور اگر تم اللہ اور اس چیز پر ایمان رکھتے ہو جس کو

ہم نے اپنے بندے پر نازل کیا۔ فیصلہ کے دن دونوں جماعتوں میں مقابلہ ہوااور اللہ ہر شے پر پوری قدرت رکھنے والا ہے

۴۲. جس وقت تم (میدان جنگ کے) قریب کے کنارے پر تھے اور وہ (کافر) پرلے کنارے پر تھے۔ اور قافلہ تم سے نیچے اتر گیا تھا۔ اور اگر تم آپس میں وعدہ کرتے تو تم دونوں وقت مقررہ سے خلاف کر بیٹھتے مگر اللہ کو منظور تھا کہ جو کام ہونے والا ہے اسے کر ہی ڈالے تاکہ جسے مرنا ہے یقین جان کر مرے اور جسے جینا ہے حق جان کر ہی جیے اور کچھ شک نہیں کہ اللہ سننے والا جاننے والا ہے۔

۴۳. اس وقت اللہ نے تمہیں خواب میں کافروں کو تھوڑی تعداد میں دکھایا۔ اگر بہت کر کے دکھاتا تو تم لوگ جی چھوڑ دیتے اور جو کام درپیش تھا اس میں جھگڑنے لگتے لیکن اللہ نے تمہیں بچا لیا بیشک وہ سینوں کی باتوں سے واقف ہے۔

۴۴. اور اس وقت جب تم ایک دوسرے کے مقابل ہوئے تو کافروں کو تمہاری نظروں میں تھوڑا کر کے دکھاتا تھا اور تم کو ان کی نگاہوں میں تھوڑا کر کے دکھاتا تھا تاکہ اللہ کو جو کام کرنا منظور تھا اسے کر ڈالے اور سب کاموں کا رجوع اللہ کی طرف ہے۔

۴۵. اے ایمان والو! جب کفار کی کسی جماعت سے تمہارا مقابلہ ہو تو ثابت قدم رہو اور اللہ کو بہت یاد کرو تاکہ تم کامیاب ہو جاؤ۔

۴۶.	اللہ اور اس کے رسول کی اطاعت کرو اور آپس میں جھگڑا نہ کرنا کہ ایسا کرو گے تو تم بزدل ہو جاؤ گے اور تمہاری ہوا جاتی رہے گی (کمزور ہو جاؤ گے) اور صبر سے کام لو کہ اللہ صبر کرنے والوں کے ساتھ ہے۔

۴۷.	اور ان لوگوں جیسے نہ ہونا جو اتراتے ہوئے (حق کا مقابلہ کرنے کے لیے) اور لوگوں کو دکھانے کے لیے گھروں سے نکل آئے اور لوگوں کو اللہ کی راہ سے روکتے ہیں اور جو اعمال یہ کرتے ہیں اللہ ان پر احاطہ کیے ہوئے ہے۔

۴۸.	اور جب شیطان نے ان کے اعمال ان پر آراستہ کر دکھائے اور کہا کہ آج کے دن لوگوں میں تم پر کوئی غالب نہ ہوگا، اور میں تمہارا رفیق ہوں، لیکن جب دونوں فوجیں آمنے سامنے کھڑی ہوئیں تو شیطان الٹے پاؤں چلا گیا اور کہنے لگا کہ مجھے تم سے کوئی واسطہ نہیں میں تو ایسی چیزیں دیکھ رہا ہوں جو تم نہیں دیکھ سکتے، مجھے تو اللہ سے ڈر لگتا ہے اور اللہ سخت عذاب کرنے والا ہے۔

۴۹.	اس وقت منافق اور کافر جن کے دلوں میں مرض تھا کہنے لگے کہ ان لوگوں کو ان کے دین نے مغرور کر رکھا ہے اور جو شخص اللہ پر بھروسہ رکھتا ہے تو اللہ غالب حکمت والا ہے۔

۵۰.	اور کاش آپ اس حالت کو دیکھ سکتے جب فرشتے کافروں کی جان نکالتے، ان کے چہروں اور پیٹھوں پر ضربیں لگاتے تھے اور کہتے تھے اب آگ کے عذاب کا مزہ چکھو۔

۵۱۔ یہ ان اعمال کی سزا ہے جو تمہارے ہاتھوں نے آگے بھیجے ہیں اور یہ جان رکھو کہ اللہ بندوں پر ظلم نہیں کرتا۔

۵۲۔ جیسا حال فرعونیوں اور ان سے پہلے لوگوں کا ہوا تھا ویسا ہی ان کا ہوا کہ انہوں نے اللہ کی آیتوں سے کفر کیا تو اللہ نے ان کے گناہوں کی سزا میں ان کو پکڑ لیا بیشک اللہ زبردست اور سخت عذاب دینے والا ہے۔

۵۳۔ یہ اس لیے کہ جو نعمت اللہ کسی قوم کو دیا کرتا ہے جب تک وہ خود اپنے دلوں کی حالت نہ بدل ڈالیں اللہ اسے بدلا نہیں کرتا۔ اس لیے کہ اللہ سنتا جانتا ہے۔

۵۴۔ جیسا حال فرعونیوں اور ان سے پہلے لوگوں کا ہوا تھا ویسا ہی ان کا ہوا۔ انہوں نے اپنے رب کی آیتوں کو جھٹلایا تو ہم نے ان کے گناہوں کے سبب ہلاک کر ڈالا اور فرعونیوں کو ڈبو دیا اور وہ سب ظالم تھے۔

۵۵۔ سب جانداروں میں بدتر وہ ہیں اللہ کے ہاں جو منکر ہوئے وہ ایمان نہیں لاتے۔

۵۶۔ جن لوگوں سے آپ نے صلح کا عہد کیا ہے، پھر وہ ہر بار عہد کو توڑ ڈالتے ہیں اور اللہ سے نہیں ڈرتے۔

۵۷۔ اگر آپ ان کو لڑائی میں پائیں تو انہیں ایسی سزا دیں کہ جو لوگ ان کے پس پشت ہوں وہ ان کو دیکھ کر بھاگ جائیں عجب نہیں کہ ان کو اس سے عبرت ہو۔

۵۸۔ اور اگر آپ کو کسی قوم سے دغا بازی کا خوف ہو تو ان کا عہد انہیں کی طرف پھینک دیں۔ اور برابر کا جواب دیں کچھ شک نہیں کہ اللہ دغا بازوں کو دوست نہیں رکھتا۔

۵۹۔ اور کافر یہ خیال نہ کریں کہ وہ بھاگ نکلے ہیں وہ اپنی چالوں سے (ہم کو ہر گز) عاجز نہیں کر سکتے۔

۶۰۔ اور جہاں تک ہو سکے (فوج کی جمعیت کے) زور سے اور گھوڑوں کے تیار رکھنے سے ان کے مقابلہ کے لیے تیار رہو کہ اس سے اللہ کے دشمنوں، تمہارے دشمنوں اور ان کے سوا اور لوگوں پر جن کو تم نہیں جانتے اور اللہ جانتا ہے ہیبت بیٹھی رہے گی اور تم جو کچھ اللہ کی راہ میں خرچ کرو گے اس کا ثواب تم کو پورا پورا دیا جائے گا اور تم پر ظلم نہ کیا جائے گا۔

۶۱۔ اور اگر یہ لوگ صلح کی طرف مائل ہوں تو تم بھی صلح کی طرف مائل ہو جاؤ۔ اور اللہ پر بھروسہ رکھو کچھ شک نہیں کہ وہ سب کچھ سنتا اور جانتا ہے۔

۶۲۔ اور اگر یہ چاہیں کہ تم کو فریب دیں تو اللہ تمہاری مدد کرے گا۔ وہی تو ہے جس نے تم کو اپنی مدد سے اور مسلمانوں کی جمعیت سے تقویت بخشی۔

۶۳۔ اور ان کے دلوں میں الفت پیدا کر دی اور اگر تم دنیا بھر کی دولت خرچ کرتے تب بھی ان کے دلوں میں الفت پیدا نہ کر سکتے مگر اللہ ہی نے الفت ڈال دی بیشک وہ زبردست اور حکمت والا ہے۔

۶۴۔ اے نبی! اللہ آپ کو اور مومنوں کو جو تمہاری پیروی کرنے والے ہیں کافی ہے

۶۵۔ اے نبی! مسلمانوں کو جہاد کی ترغیب دو، اگر تم میں بیس آدمی ثابت قدم رہنے والے ہوں گے تو دو سو کفار پر غالب رہیں گے اور اگر سو ایسے ہوں گے تو ہزار پر غالب رہیں گے اس لیے کہ کافر ایسے لوگ ہیں کہ کچھ بھی سمجھ نہیں رکھتے۔

۶۶۔ اب اللہ نے تم پر سے بوجھ ہلکا کر دیا اور معلوم کر لیا کہ ابھی تم میں کسی قدر کمزوری ہے، پس اگر تم میں ایک سو ثابت قدم رہنے والے ہوں گے تو دو سو پر غالب رہیں گے اور اگر ایک ہزار ہوں گے تو اللہ کے حکم سے دو ہزار پر غالب رہیں گے اور اللہ ثابت قدم رہنے والوں کا مددگار ہے۔

۶۷۔ پیغمبر کی شان کے خلاف ہے کہ اس کے قبضہ میں قیدی رہیں جب تک کفار کو قتل کر کے زمین میں کثرت سے خون نہ بہا دے تم لوگ دنیا کے مال کے طلب گار ہو۔ اور اللہ آخرت کی بھلائی چاہتا ہے۔ اور اللہ غالب حکمت والا ہے۔

۶۸۔ اگر اللہ کا حکم پہلے نہ ہو چکا ہوتا تو جو فدیہ تم نے لیا ہے اس کے بدلے تم پر بڑا عذاب نازل ہوتا۔

۶۹۔ تو جو مال غنیمت تمہیں ملا ہے اسے کھاؤ کہ تمہارے لیے حلال (اور) پاکیزہ ہے۔ اور اللہ سے ڈرتے رہو بیشک اللہ بخشنے والا مہربان ہے۔

۷۰۔ اے پیغمبر! جو قیدی تمہارے ہاتھ میں گرفتار ہیں ان سے کہہ دو کہ اگر اللہ تمہارے دلوں میں نیکی معلوم کرے گا تو جو مال تم سے چھن گیا ہے اس سے بہتر تمہیں عطا کرے گا۔ اور تمہارے گناہ بھی معاف کر دے گا اور اللہ بخشنے والا مہربان ہے۔

۷۱۔ اور اگر یہ لوگ تم سے دغا کرنا چاہیں گے تو یہ پہلے ہی اللہ سے دغا کر چکے ہیں، تو اس نے ان کو تمہارے قبضہ میں کر دیا اور اللہ دانا حکمت والا ہے۔

۷۲۔ جو لوگ ایمان لائے اور (وطن سے) ہجرت کر گئے اور اللہ کی راہ میں اپنی جان اور مال سے لڑے، وہ اور جنہوں نے ہجرت کرنے والوں کو جگہ دی اور ان کی مدد کی وہ آپس میں ایک دوسرے کے رفیق ہیں اور جو لوگ ایمان تو لے آئے لیکن ہجرت نہیں کی تو جب تک وہ ہجرت نہ کریں تمہیں ان کی رفاقت سے کوئی سروکار نہیں اور اگر وہ تم سے دین کے معاملات میں مدد طلب کریں تو تم کو مدد کرنی لازم ہے۔ مگر ان لوگوں کے مقابلہ میں کہ تم میں اور ان میں صلح کا عہد ہو مدد نہیں کرنی چاہیے اور اللہ تمہارے سب کاموں کو دیکھ رہا ہے۔

۷۳۔ اور جو لوگ کافر ہیں وہ بھی ایک دوسرے کے رفیق ہیں۔ تو مومنو! اگر تم یہ کام نہ کرو گے تو ملک میں فتنہ برپا ہو جائے گا۔ اور بڑا فساد مچے گا۔

۷۴۔ اور جو لوگ ایمان لائے اور (وطن سے) ہجرت کر گئے اور اللہ کی راہ میں لڑائیاں کرتے رہے اور جنہوں نے ہجرت کرنے والوں کو جگہ دی اور ان کی مدد کی، یہی لوگ سچے مومن ہیں ان کے لیے اللہ کے پاس عزت کی روزی ہے۔

۷۵. اور جو لوگ بعد میں ایمان لائے اور وطن سے ہجرت کر گئے اور تمہارے ساتھ ہو کر جہاد کرتے رہے وہ بھی تم ہی میں سے ہیں اور رشتہ دار اللہ کے حکم کی رو سے وراثت میں ایک دوسرے کے زیادہ حق دار ہیں کچھ شک نہیں کہ اللہ ہر چیز سے واقف ہے۔

۹۔ سورۃ توبہ

۱۔ (اے اہل اسلام! اب) اللہ اور اس کے رسول کی طرف سے مشرکوں سے جن سے تم نے عہد کر رکھا تھا بیزاری اور (جنگ کی تیاری ہے)۔

۲۔ (تو مشرکو!) تم زمین میں چار مہینے چل پھر لو اور جان لو کہ تم اللہ کو عاجز نہ کر سکو گے اور یہ بھی کہ اللہ کفار کو رسوا کرنے والا ہے۔

۳۔ اور حج اکبر کے دن اللہ اور اس کے رسول کی طرف سے لوگوں کو آگاہ کیا جاتا ہے کہ اللہ مشرکوں سے بالکل الگ ہے اور اس کا رسول بھی۔ پس اگر تم توبہ کر لو تو تمہارے حق میں بہتر ہے اگر نہ مانو اور (اللہ سے) مقابلہ چاہو تو جان لو کہ تم اللہ کو تھکا نہ سکو گے اور (اے پیغمبر ﷺ!) کفار کو درد ناک عذاب کی خوشخبری سنا دو۔

۴۔ البتہ جن مشرکوں کے ساتھ تم نے عہد کیا ہو اور انہوں نے اسے پورا کرنے میں کوئی کمی نہ کی ہو اور نہ تمہارے مقابلے میں کسی کی مدد کی ہو تو مقررہ مدت تک ان سے عہد پورا کرو کہ اللہ پرہیزگاروں کو دوست رکھتا ہے۔

17

۵. جب عزت والے مہینے گزر جائیں تو مشرکوں کو جہاں پاؤ قتل کر دو اور پکڑ لو اور گھیر لو اور ہر جگہ ان کی تاک میں بیٹھو پھر اگر وہ توبہ کر لیں نماز پڑھنے اور زکوٰۃ دینے لگیں تو ان کا راستہ چھوڑ دو۔ بیشک اللہ بخشنے والا مہربان ہے۔

۶. اور اگر کوئی مشرک تم سے پناہ مانگے تو اس کو پناہ دو یہاں تک کہ وہ اللہ کا کلام سن لے پھر اس کو امن کی جگہ واپس پہنچا دو، اس لیے کہ یہ علم نہیں رکھتے

۷. بھلا مشرکوں کے لیے (جنہوں نے عہد توڑ ڈالا) اللہ اور اس کے رسول ﷺ سے عہد کس طرح قائم رہ سکتا ہے۔ ہاں! جن لوگوں کے ساتھ تم نے مسجد حرام کے پاس عہد کیا ہے اگر وہ اپنے عہد پر قائم رہیں تو تم بھی اپنے عہد پر قائم رہو، بیشک اللہ پرہیزگاروں کو دوست رکھتا ہے۔

۸. بھلا ان سے عہد کیونکر پورا کیا جائے جب ان کا یہ حال ہے کہ اگر تم پر غلبہ پا لیں تو نہ قرابت کا لحاظ کریں نہ عہد کا یہ منہ سے تو تمہیں خوش کر دیتے ہیں لیکن ان کے دل ان باتوں کو قبول نہیں کرتے اور ان میں اکثر نافرمان ہیں۔

۹. انہوں نے اللہ کی آیات کو تھوڑی سی قیمت کے بدلے بیچ دیا اور لوگوں کو اللہ کے راستے سے روکتے ہیں اس میں کوئی شک نہیں کہ یہ جو کام بھی کرتے ہیں برے ہیں۔

۱۰. یہ لوگ کسی مومن کے حق میں نہ تو رشتہ داری کا لحاظ رکھتے ہیں اور نہ عہد کا اور یہ لوگ حد سے بڑھنے والے ہیں۔

۱۱. اگر یہ توبہ کرلیں، نماز قائم کریں اور زکوٰۃ دینے لگیں تو دین میں تمہارے بھائی ہیں اور سمجھنے والے لوگوں کے لیے ہم اپنی آیتیں کھول کھول کر بیان کرتے ہیں۔

۱۲. اور اگر وہ عہد کرنے کے بعد اپنی قسموں کو توڑ ڈالیں اور تمہارے دین میں عیب نکالنے لگیں تو ان کفر کے سرداروں سے لڑو اور ان کی قسموں کا کوئی اعتبار نہیں، عجب نہیں کہ یہ اپنی حرکتوں سے باز آ جائیں۔

۱۳. بھلا تم ایسے لوگوں سے کیوں نہ لڑو جنھوں نے اپنی قسموں کو توڑ ڈالا اور اللہ کے رسول کو جلاوطن کرنے کا پکا ارادہ کر لیا اور انھوں نے عہد شکنی کی ابتدا کی۔ کیا تم ایسے لوگوں سے ڈرتے ہو؟ حالانکہ اللہ اس بات کا زیادہ حق دار ہے کہ تم اس سے ڈرو، اگر تم مومن ہو۔

۱۴. ان سے خوب لڑو اللہ ان کو تمہارے ہاتھوں عذاب میں ڈالے گا اور رسوا کرے گا اور تم کو ان پر غلبہ دے گا اور مومنوں کے دلوں کو ٹھنڈا کرے گا۔

۱۵. اور ان کے دلوں سے غصہ دور کرے گا اور جس پر چاہے گا رجوع (توبہ کی توفیق عطا) کرے گا۔ اور اللہ سب کچھ جانتا ہے حکمت والا ہے۔

۱۶. کیا تم لوگوں نے یہ سمجھ رکھا ہے کہ یونہی چھوڑ دیے جاؤ گے، حالانکہ ابھی اللہ نے یہ تو دیکھا ہی نہیں کہ تم میں سے کون وہ لوگ ہیں جنھوں نے جہاد کیا اور نہ ہی اللہ اور اس کے رسول اور مومنین کے سوا کسی کو دوست بنایا ہے جو کچھ تم کرتے ہو اللہ اس سے باخبر ہے۔

۱۷. مشرکوں کا کام نہیں کہ اللہ کی مسجدوں کو آباد کریں۔ جب کہ وہ اپنے اوپر کفر کی گواہی دے رہے ہیں۔ ان لوگوں کے سب اعمال بیکار ہیں اور یہ ہمیشہ دوزخ میں رہیں گے۔

۱۸. اللہ کی مسجدوں کو تو وہ لوگ آباد کرتے ہیں جو اللہ پر اور قیامت کے دن پر ایمان لاتے ہیں، نماز قائم کرتے ہیں، زکوٰۃ دیتے ہیں اور اللہ کے سوا کسی سے نہیں ڈرتے امید ہے یہی لوگ ہدایت پانے والے ہیں۔

۱۹. کیا تم نے حاجیوں کو پانی پلانا اور مسجد حرام کو آباد کرنا اس شخص کے کام کے برابر سمجھا ہے جو اللہ اور روز آخرت پر ایمان رکھتا ہے اور اللہ کی راہ میں جہاد کرتا ہے؟ یہ لوگ اللہ کے نزدیک برابر نہیں ہوسکتے۔ اور اللہ ظالم لوگوں کو ہدایت نہیں دیا کرتا۔

۲۰. جو لوگ ایمان لائے اور ہجرت کی اور اللہ کی راہ میں اپنے مالوں اور اپنی جانوں سے جہاد کرتے رہے اللہ کے ہاں ان کے بڑے درجے ہیں اور وہی مراد پانے والے ہیں۔

۲۱. ان کا رب ان کو اپنی رحمت اور رضامندی کی خوشخبری دیتا ہے اور ان کے لیے ایسے باغات ہیں جن کی نعمتیں ہمیشہ کی ہیں۔

۲۲. اور وہ وہاں ہمیشہ رہیں گے کچھ شک نہیں کہ اللہ کے ہاں بڑا ثواب ہے

۲۳. اے ایمان والو! اگر تمہارے باپ اور بھائی ایمان کے بجائے کفر پسند کریں تو ان سے دوستی نہ رکھو۔ اور جو ان سے دوستی رکھیں گے وہ ظالم ہیں۔

۲۴۔ کہہ دو اگر تمہارے باپ، بیٹے، بھائی، بیویاں، خاندان کے لوگ اور مال جو تم کماتے ہو اور تجارت جس کے مندا پڑنے سے تم ڈرتے ہو اور مکانات جن کو تم پسند کرتے ہو اللہ اور اس کے رسول سے اور اللہ کی راہ میں جہاد کرنے سے تمہیں زیادہ عزیز ہوں تو انتظار کرو یہاں تک کہ اللہ اپنا حکم (عذاب) بھیجے اور اللہ نافرمان لوگوں کو ہدایت نہیں دیا کرتا۔

۲۵۔ اللہ نے بہت سے موقعوں پر تم کو مدد دی ہے اور جنگ حنین کے دن جب تم اپنی جماعت کی کثرت پر خوش ہوئے تو وہ تمہارے کچھ کام نہ آئی اور زمین باوجود اپنی فراخی کے تم پر تنگ ہوگئی، پھر تم پیٹھ پھیر کر بھاگ گئے۔

۲۶۔ پھر اللہ نے اپنے پیغمبر پر اور مومنوں پر اپنی طرف سے تسکین نازل فرمائی اور تمہاری مدد کے لیے فرشتوں کے لشکر جو تمہیں نظر نہیں آتے تھے آسمان سے اتارے اور کفار کو عذاب دیا اور کفر کرنے والوں کی یہی سزا ہے۔

۲۷۔ پھر اس کے بعد اللہ جس کو چاہے توبہ نصیب کرے گا اور اللہ بخشنے والا مہربان ہے

۲۸۔ مومنو! مشرک تو ناپاک ہیں تو اس سال کے بعد یہ مسجد حرام کے قریب نہ جانے پائیں اور اگر تمہیں مفلسی کا خوف ہو تو اللہ چاہے گا تو تم کو اپنے فضل سے غنی کر دے گا۔ بیشک اللہ سب کچھ جانتا ہے اور حکمت والا ہے۔

۲۹. جو اہل کتاب اللہ پر ایمان نہیں لاتے اور نہ روز آخرت پر یقین رکھتے ہیں اور نہ ان چیزوں کو حرام سمجھتے ہیں جو اللہ اور اس کے رسول نے حرام کی ہیں اور نہ دین حق کو قبول کرتے ہیں۔ ان سے جنگ کرو یہاں تک کہ ذلیل ہو کر اپنے ہاتھ سے جزیہ دیں۔

۳۰. اور یہود کہتے ہیں کہ عزیر اللہ کے بیٹے ہیں اور عیسائی کہتے ہیں کہ مسیح اللہ کے بیٹے ہیں۔ یہ ان کے منہ کی باتیں ہیں۔ پہلے کافر بھی اسی طرح کی باتیں کیا کرتے تھے یہ بھی انہی کی ریس کرنے لگے ہیں۔ اللہ ان کو ہلاک کرے یہ کہاں بہکے پھرتے ہیں۔

۳۱. انہوں نے اپنے مشائخ اور مسیح ابن مریم کو اللہ کے سوا رب بنا لیا ہے، حالانکہ ان کو حکم دیا گیا تھا کہ اللہ واحد کے سوا کسی کی عبادت نہ کریں اس کے سوا کوئی معبود نہیں اور وہ ان لوگوں کے شریک بنانے سے پاک ہے۔

۳۲. یہ چاہتے ہیں کہ اللہ کے نور کو اپنے منہ سے پھونک مار کر بجھا دیں۔ اور اللہ اپنی روشنی (نور) پورا کیے بغیر نہ رہے گا۔ اگرچہ کفار کو برا ہی لگے۔

۳۳. وہی تو ہے جس نے اپنے پیغمبر کو ہدایت اور دین حق دے کر بھیجا تاکہ اس دین کو دنیا کے تمام دینوں پر غالب کرے اگرچہ کفار ناخوش ہوں۔

۳۴. مومنو! اہل کتاب کے بہت سے عالم اور مشائخ لوگوں کا مال ناحق کھاتے اور اللہ کی راہ سے روکتے ہیں۔ اور جو لوگ سونا چاندی جمع کرتے ہیں اور اس کو اللہ کی راہ میں خرچ نہیں کرتے ان کو اس دن کے دردناک عذاب کی خبر سنا دو۔

۳۵۔ جس دن وہ مال دوزخ کی آگ میں خوب گرم کیا جائے گا اور پھر اس سے (ان بخیلوں) کی پیشانیاں اور پہلو اور پیٹھیں داغی جائیں گی اور کہا جائے گا کہ یہ وہی ہے جو تم نے اپنے لیے جمع کیا تھا سو جو تم جمع کرتے تھے اب اس کا مزہ چکھو۔

۳۶۔ اللہ کے نزدیک مہینے گنتی میں بارہ ہیں اس روز سے کہ اللہ نے آسمان و زمین کو پیدا کیا۔ اللہ کی کتاب میں ایک سال کے بارہ مہینے لکھے ہوئے ہیں۔ ان میں سے چار مہینے حرمت کے ہیں یہی دین کا سیدھا راستہ ہے۔ تو ان مہینوں میں اپنے اوپر ظلم نہ کرو۔ اور مشرکوں سے سب مل کر لڑو۔ جیسے وہ تم سے مل کر لڑتے ہیں۔ اور جان لو کہ اللہ ڈرنے والوں کے ساتھ ہے۔

۳۷۔ (امن کے) کسی مہینے کو ہٹا کر آگے پیچھے کر دینا کفر میں اضافہ کرتا ہے، اس سے کافر گمراہی میں پڑے رہتے ہیں۔ ایک سال تو اس کو حلال سمجھ لیتے ہیں اور دوسرے سال حرام، تاکہ اللہ کے حرام کردہ مہینوں کی گنتی پوری کر لیں اور جو اللہ نے منع کیا ہے اس کو جائز کر لیں۔ ان کے برے اعمال ان کو اچھے دکھائی دیتے ہیں اور اللہ کفار کو ہدایت نہیں دیا کرتا۔

۳۸۔ مومنو! تمہیں کیا ہوا ہے کہ جب تم سے کہا جاتا ہے کہ اللہ کی راہ میں جہاد کے لیے نکلو تو تم زمین پر گرے جاتے ہو۔ یعنی گھروں سے نکلنا نہیں چاہتے کیا تم آخرت کی نعمتوں کو چھوڑ کر دنیا کی زندگی پر خوش ہو بیٹھے ہو۔ دنیا کی زندگی کے فائدے تو آخرت کے مقابلہ میں بہت ہی کم ہیں۔

۳۹۔ اگر تم نہ نکلو گے تو اللہ تم کو بڑا دردناک عذاب دے گا۔ اور تمہاری جگہ دوسرے لوگ پیدا کر دے گا اور تم اس کو کوئی نقصان نہ پہنچا سکو گے اور اللہ ہر چیز پر قدرت رکھتا ہے۔

۴۰۔ اگر تم پیغمبر کی مدد نہ کرو گے تو اللہ ان کا مددگار ہے۔ وہ وقت تم کو یاد ہو گا جب ان کو کفار نے گھر سے نکال دیا تھا اس وقت دو ہی لوگ تھے (سیدنا ابو بکرؓ اور دوسرے خود رسول اللہ ﷺ دونوں غارِ (ثور) میں تھے اس وقت پیغمبر اپنے رفیق کو تسلی دیتے تھے کہ غم نہ کرو اللہ ہمارے ساتھ ہے۔ تو اللہ نے ان پر تسکین نازل فرمائی اور ان کو ایسے لشکروں سے مدد دی جو تم کو نظر نہ آتے تھے کفار کی بات کو پست کر دیا اور بات تو اصل میں اللہ ہی کی بلند ہے اللہ زبردست اور حکمت والا ہے۔

۴۱۔ تم ہلکے پھلکے ہو یا بوجھل جہاد کے لیے نکلو۔ اللہ کی راہ میں جہاد کرو اپنے مالوں اور اپنی جانوں سے۔ اگر تم جانتے ہو تو یہی تمہارے لیے بہتر ہے۔

۴۲۔ اگر دنیوی فائدہ قریب نظر آتا اور سفر بھی ہلکا ہوتا تو (وہ شوق سے) تمہارے ساتھ چل پڑتے مگر سفر ان کو لمبا دکھائی دیا تو بہانے کرنے لگے اور اللہ کی قسمیں کھانے لگے کہ اگر ہم طاقت رکھتے تو آپ کے ساتھ ضرور نکل پڑتے یہ ایسے بہانوں سے اپنے آپ کو وبال میں ڈال رہے ہیں اور اللہ جانتا ہے کہ یہ جھوٹے ہیں۔

۴۳۔ اللہ آپ کو معاف کرے اس سے پہلے کہ جھوٹے اور سچے لوگ آپ پر ظاہر ہو جاتے آپ نے ان کو پیچھے رہنے کی اجازت کیوں دے دی؟۔

۴۴. جو لوگ اللہ پر اور روز آخرت پر ایمان رکھتے ہیں وہ تو آپ سے اجازت نہیں مانگتے کہ پیچھے رہ جائیں بلکہ چاہتے ہیں کہ اپنے مالوں اور جانوں سے جہاد کریں اور اللہ پرہیز گاروں سے واقف ہے۔

۴۵. اجازت وہی لوگ مانگتے ہیں جو اللہ پر اور آخرت پر ایمان نہیں رکھتے اور ان کے دل شک میں پڑے ہوئے ہیں اور وہ اپنے شک میں ڈانواں ڈول ہو رہے ہیں۔

۴۶. اور اگر وہ نکلنے کا ارادہ کرتے تو اس کے لیے کچھ تیاری بھی کرتے لیکن اللہ نے ان کا نکلنا ہی پسند نہیں کیا اس لیے انہیں سست بنا دیا اور ان کو کہہ دیا گیا کہ بیٹھے رہنے والے معذوروں کے ساتھ تم بھی بیٹھے رہو۔

۴۷. اگر وہ تم میں شامل ہو کر نکل بھی کھڑے ہوتے تو تمہارے حق میں شرارت کرتے اور تم میں پھوٹ ڈلوانے کے لیے دوڑے دوڑے پھرتے اور تم میں ان کے جاسوس بھی ہیں اور اللہ ظالموں کو خوب جانتا ہے۔

۴۸. یہ پہلے بھی فساد کرتے رہے ہیں اور بہت سی باتوں میں آپ لیے الٹ پھیر کرتے رہے ہیں۔ یہاں تک کہ حق آ پہنچا اور اللہ کا حکم غالب ہوا اور وہ برا مانتے ہی رہ گئے۔

۴۹. اور ان میں کوئی ایسا بھی ہے جو کہتا ہے کہ مجھے تو اجازت ہی دیں اور آفت میں نہ ڈالیں۔ دیکھو یہ آفت میں پڑ گئے ہیں اور دوزخ سب کفار کو گھیرے ہوئے ہے۔

۵۰۔ (اے پیغمبر!) اگر تمہیں آسائش ملتی ہے تو ان کو برا لگتا ہے اور اگر کوئی مشکل پڑتی ہے تو کہتے ہیں کہ ہم نے تو اپنا کام پہلے ہی درست کر لیا تھا اور خوشیاں مناتے لوٹ جاتے ہیں۔

۵۱۔ فرما دیں کہ ہمیں کوئی مصیبت نہیں پہنچ سکتی سوائے اس کے جو اللہ نے ہمارے لیے لکھ دی ہو۔ وہی ہمارا کارساز ہے اور مومنوں کو اللہ پر ہی بھروسہ رکھنا چاہیے۔

۵۲۔ فرما دیں کہ تم ہمارے حق میں دو بھلائیوں میں سے ایک کے منتظر ہو اور ہم تمہارے حق میں اس بات کے منتظر ہیں کہ اللہ یا تو خود تمہارے اوپر عذاب نازل کرے یا ہمارے ہاتھوں عذاب دلوائے تو تم بھی انتظار کرو اور ہم بھی تمہارے ساتھ انتظار کرتے ہیں۔

۵۳۔ فرما دیں کہ تم مال خوشی سے خرچ کرو یا ناخوشی سے تم سے ہرگز قبول نہیں کیا جائے گا۔ کیونکہ تم نافرمان لوگ ہو۔

۵۴۔ اور ان سے ان کے نفقات قبول نہ کرنے کی وجہ صرف یہ کہ وہ اللہ اور اس کے رسول کے نافرمان لوگ ہیں۔ اگر وہ نماز کے لیے آتے ہیں تو سست اور کاہل ہو کر آتے ہیں اگر خرچ کرتے ہیں تو ناخوشی سے کرتے ہیں۔

۵۵. آپ کو ان کے مال اور اولاد تعجب میں نہ ڈالیں اللہ چاہتا ہے کہ ان چیزوں سے دنیا کی زندگی میں ان کو عذاب دے اور جب ان کی جان نکلے تو اس وقت بھی وہ کافر ہی ہوں۔

۵۶. اور اللہ کی قسمیں کھاتے ہیں کہ وہ تم ہی میں سے ہیں، حالانکہ وہ تم میں سے نہیں ہیں اصل میں یہ ڈرپوک لوگ ہیں۔

۵۷. اگر ان کو کوئی بچاؤ کی جگہ (قلعہ) غار یا زمین کے اندر گھسنے کی جگہ مل جائے تو یہ رسیاں تڑاتے ہوئے بھاگ جائیں۔

۵۸. اور ان میں بعض ایسے بھی ہیں کہ زکوٰۃ تقسیم کرنے کی وجہ سے تم پر طعنہ زنی کرتے ہیں اگر ان کو اس میں سے خاطر خواہ مل جائے تو خوش رہیں اور اگر اس قدر نہ ملے تو فوراً خفا ہو جائیں۔

۵۹. اور اگر وہ اس پر خوش رہتے جو اللہ اور اس کے رسول نے ان کو دیا تھا اور کہتے کہ ہمیں اللہ کافی ہے اللہ اپنے فضل سے اور اس کے پیغمبر اپنی مہربانی سے ہمیں پھر دے دیں گے اور ہم اللہ ہی کی طرف رغبت رکھتے ہیں (تو ان کے حق میں بہتر ہوتا)۔

۶۰. صدقات زکوٰۃ (اور خیرات) تو مفلسوں، محتاجوں اور کارکنان صدقات کا حق ہے اور ان لوگوں کا جن کی تالیف قلوب منظور ہو، غلاموں کے آزاد کرانے، قرض داروں کے

قرض ادا کرنے اور اللہ کی راہ میں اور مسافروں کی مدد میں بھی یہ مال خرچ کرنا چاہیے یہ اللہ کی طرف سے فرض ہے اور اللہ جاننے والا اور حکمت والا ہے۔

۶۱. اور ان میں بعض ایسے ہیں جو پیغمبر کو تکلیف دیتے ہیں اور کہتے ہیں کہ یہ شخص وہ کانوں کا کچا ہے۔ ان سے کہہ دو کہ وہ کانوں کا کچا ہونا ہی ہے تو تمہاری بھلائی کے لیے ہے وہ اللہ کا اور مومنوں کا یقین رکھتا ہے اور جو لوگ تم میں ایمان لائے ہیں ان کے لیے رحمت ہے اور جو لوگ رسول اللہ کو رنج پہنچاتے ہیں ان کے لیے بہت بڑا عذاب تیار ہے۔

۶۲. مومنو! یہ لوگ تمہارے سامنے اللہ کی قسمیں کھاتے ہیں تاکہ تم کو خوش کر دیں، حالانکہ اگر یہ دل سے مومن ہوتے تو ان کو معلوم ہوتا کہ اللہ اور اس کے رسول ﷺ کو راضی کرنا بہت ضروری ہے۔

۶۳. کیا ان لوگوں کو معلوم نہیں کہ جو شخص اللہ اور اس کے رسول سے مقابلہ کرتا ہے تو اس کے لیے جہنم کی آگ تیار ہے۔ جس میں وہ ہمیشہ (جلتا) رہے گا یہ بڑی رسوائی ہے۔

۶۴. منافق ڈرتے رہتے ہیں کہ ان (مسلمانوں) پر کہیں کوئی ایسی سورت نہ اتر آئے کہ ان کے دل کی باتوں کو مسلمانوں پر ظاہر کر دے کہہ دو کہ ہنسی کیے جاؤ۔ جس بات سے تم ڈرتے ہو اللہ اس کو ضرور ظاہر کر دے گا۔

۶۵. اور اگر تم ان سے اس بارے میں دریافت کرو تو ضرور کہیں گے کہ ہم تو یونہی بات چیت اور ہنسی مذاق کرتے تھے کہو کہ کیا تم اللہ اس کے رسول اور اللہ کی آیتوں سے ہنسی مذاق کرتے تھے۔

۶۶. بہانے مت بناؤ تم ایمان لانے کے بعد کافر ہو چکے ہو اگر ہم تم میں سے ایک جماعت کو معاف کر دیں تو دوسری جماعت کو سزا بھی دیں گے کیونکہ وہ گناہ کرتے ہیں۔

۶۷. منافق مرد اور منافق عورتیں ایک دوسرے کی طرح ہیں کہ برے کام کرنے کو کہتے نیک کاموں سے منع کرتے اور خرچ کرنے سے ہاتھ بند کیے رکھتے ہیں۔ انہوں نے اللہ کو بھلا دیا تو اللہ نے ان کو بھلا دیا بیشک منافق نافرمان ہیں۔

۶۸. اللہ نے منافق مردوں اور منافق عورتوں اور کافروں سے جہنم کی آگ کا وعدہ کیا ہے جس میں وہ ہمیشہ جلتے رہیں گے وہی ان کے لائق ہے اور اللہ نے ان پر لعنت کر دی ہے اور ان کے لیے ہمیشہ کا عذاب تیار ہے۔

۶۹. تم (منافق لوگ) ان لوگوں کی طرح ہو، جو تم سے پہلے ہو چکے ہیں۔ وہ تم سے بہت طاقتور اور مال و اولاد میں کہیں زیادہ تھے تو وہ اپنے حصے کا مزہ لوٹ چکے سو جس طرح تم سے پہلے لوگ اپنے حصہ سے فائدہ اٹھا چکے ہیں اسی طرح تم نے اپنے حصہ سے فائدہ اٹھا لیا اور جس طرح وہ باطل میں ڈوبے رہے یہ وہ لوگ ہیں جن کے اعمال دنیا و آخرت میں ضائع ہو گئے اور یہی نقصان اٹھانے والے ہیں۔

۷۰۔ کیا ان لوگوں کو ان لوگوں کے حالات کی خبر نہیں پہنچی جو ان سے پہلے تھے، یعنی قوم نوح، عاد اور ثمود کی قوم اور ابراہیمؑ کی قوم اور مدین والے اور الٹی ہوئی بستیوں والے۔ ان کے پاس پیغمبر نشانیاں لے لے کر آئے اور اللہ تو ایسا نہ تھا کہ ان پر ظلم کرتا لیکن وہی اپنے آپ پر ظلم کرتے تھے۔

۷۱۔ اور ایمان والے مرد اور ایمان والی عورتیں ایک دوسرے کے مددگار ہیں۔ نیک کام کا حکم دیتے ہیں اور بری بات سے منع کرتے ہیں۔ نماز کو قائم رکھتے ہیں اور زکوٰۃ دیتے ہیں۔ اللہ اور اس کے رسول کے حکم پر چلتے ہیں۔ وہی لوگ ہیں جن پر اللہ رحم کرے گا۔ بیشک اللہ زبردست حکمت والا ہے۔

۷۲۔ اللہ نے ایمان والے مردوں اور ایمان والی عورتوں کو باغات کا وعدہ دیا ہے کہ ان کے نیچے نہریں بہتی ہیں۔ ان میں وہ ہمیشہ رہنے والے ہیں اور بہترین باغات میں نفیس مکانات کا وعدہ کیا ہے اور اللہ کی رضامندی تو سب سے بڑھ کر نعمت ہے یہی بڑی کامیابی ہے۔

۷۳۔ اے نبی! کفار اور منافقین کا پوری طرح مقابلہ کرو اور ان سے سختی سے پیش آؤ، آخرکار ان کا ٹھکانا جہنم ہے اور وہ بہت برا ٹھکانا ہے۔

۷۴۔ یہ لوگ اللہ کی قسمیں اٹھا کر کہتے ہیں کہ ہم نے یہ بات نہیں کہی، حالانکہ انہوں نے ضرور وہ کافرانہ بات کی ہے۔ وہ اسلام لانے کے بعد کافر ہو گئے اور انہوں نے وہ کچھ کرنے کا ارادہ کیا جو وہ کر نہ سکے اور یہ سب اس چیز کا بدلہ تھا کہ اللہ اور اس کے رسول نے

اپنے فضل سے ان کو غنی کر دیا۔ اب اگر یہ اپنی اس روش سے باز آجائیں تو یہ ان کے لیے بہتر ہے اور اگر یہ باز نہ آئے تو اللہ ان کو بڑا دردناک عذاب دے گا۔ دنیا میں بھی اور آخرت میں بھی۔ اور زمین میں کوئی نہیں جو ان کا حمایتی یا مددگار ہو۔

۷۵. اور ان میں بعض ایسے ہیں جنھوں نے اللہ سے عہد کیا تھا کہ اگر وہ ہمیں اپنی مہربانی سے مال عطا کرے گا تو ہم ضرور خیرات کیا کریں گے اور نیکوکاروں میں سے ہو جائیں گے۔

۷۶. لیکن جب اللہ نے اپنے فضل سے ان کو مال دیا تو اس میں بخل کرنے لگے اور اپنے عہد سے پھر گئے۔

۷۷. تو اللہ نے اس کی سزا یہ دی کہ ان کے دلوں میں نفاق ڈال دیا اس دن تک کے لیے کہ جب وہ اللہ کے سامنے حاضر ہوں گے یہ اس لیے کہ جو وعدہ انہوں نے اللہ سے کیا تھا اس سے پھر گئے اور اس وجہ سے بھی کہ وہ جھوٹ بولا کرتے تھے۔

۷۸. کیا ان کو معلوم نہیں کہ اللہ ان کے بھیدوں اور مشوروں سے واقف ہے اور یہ بھی کہ وہ غیب کی باتیں جاننے والا ہے۔

۷۹. جو مال دار مسلمان دل کھول کر خیرات کرتے ہیں اور جو غریب صرف اتنا ہی کما سکتے ہیں جتنی مزدوری کرتے ہیں اور تھوڑی سی کمائی میں سے خیرات بھی کرتے ہیں خرچ

بھی کرتے ہیں ان پر منافق لوگ ہنسی مذاق کرتے ہیں جبکہ اللہ ان پر ہنستا ہے اور ان کے لیے تکلیف دہ عذاب تیار ہے۔

۸۰. آپ ان کے لئے بخشش کی دعا کریں یا نہ کریں (اس سے کچھ فرق نہیں پڑے گا) اگر آپ ان کے لئے ستر مرتبہ بھی دعائے مغفرت کریں تو اللہ انہیں معاف نہیں کرے گا۔ وجہ یہ ہے کہ ان لوگوں نے اللہ اور اس کے رسول کا انکار کیا ہے اور ایسے فاسق لوگوں کو اللہ سیدھی راہ نہیں دکھاتا۔

۸۱. جو لوگ (غزوۂ تبوک سے) پیچھے رہ گئے وہ اللہ کے رسول کی مرضی کے خلاف بیٹھ رہنے سے خوش ہوئے اور اس کام کو پسند نہ کیا کہ اپنے مالوں اور جانوں سے جہاد کریں اور دوسروں کو بھی کہنے لگے کہ گرمی میں مت نکلنا، ان سے کہہ دو کہ دوزخ کی آگ! اس سے کہیں زیادہ گرم ہوگی کاش! یہ (اس بات کو) سمجھتے۔

۸۲. انہیں چاہیے کہ ہنسیں کم اور روئیں زیادہ جو کچھ یہ کر رہے ہیں اس کا بدلہ یہی ہے

۸۳. پھر اگر اللہ آپ کو ان میں سے کسی گروہ کی طرف لے جائے اور وہ آپ سے نکلنے کی اجازت مانگیں تو کہہ دینا کہ تم ہرگز میرے ساتھ نہیں چلو گے اور نہ میرے مددگار بن کر دشمن سے لڑائی کرو گے۔ تم پہلی دفعہ پیچھے بیٹھ رہنے میں خوش ہوئے تو اب بھی پیچھے بیٹھ رہنے والوں کے ساتھ بیٹھے رہو۔

۸۴.　اور (اے پیغمبر صلی اللہ علیہ وآلہ وسلم!) ان میں سے کوئی مر جائے تو اس کے جنازے پر نماز نہ پڑھنا اور اس کی قبر پر کھڑے نہ ہونا یہ اللہ اور اس کے رسول کے ساتھ کفر کرتے رہے اور اسی حالت میں مر گئے۔

۸۵.　ان کے مال اور اولاد آپ کو تعجب میں نہ ڈال دیں (ان چیزوں سے) اللہ یہ چاہتا ہے کہ ان کو دنیا میں عذاب کرے اور جب ان کی جان نکلے تو اس وقت بھی یہ کافر ہی ہوں۔

۸۶.　اور جب کوئی سورت نازل ہوتی ہے کہ اللہ پر ایمان لاؤ اور اس کے رسول کے ساتھ مل کر لڑائی کرو تو ان کے دولت مند لوگ آپ سے پیچھے رہ جانے کی اجازت طلب کرتے ہیں کہ جو بیٹھنے والے ہیں ہم بھی ان کے ساتھ رہیں گے۔

۸۷.　یہ اس بات سے خوش ہیں کہ یہ پیچھے رہنے والی عورتوں کے ساتھ رہ جائیں ان کے دلوں پر مہر لگا دی گئی ہے تو یہ سمجھتے ہی نہیں۔

۸۸.　لیکن پیغمبر اور جو لوگ ان کے ساتھ اسلام لائے سب اپنے مالوں اور جانوں سے لڑے انہی لوگوں کے لیے بھلائیاں ہیں اور یہی مراد پانے والے ہیں۔

۸۹.　اللہ نے ان کے لیے باغات تیار کر رکھے ہیں جن کے نیچے نہریں بہہ رہی ہیں۔ ہمیشہ ان میں رہیں گے یہ بڑی کامیابی ہے۔

۹۰. اور صحرائی لوگوں میں سے کچھ لوگ آپ کے پاس آئے کہ انہیں بھی اجازت دی جائے اور جنہوں نے اللہ اور اس کے رسول کے ساتھ جھوٹ بولا وہ گھر میں بیٹھ رہے تو جو لوگ ان میں سے کافر ہوئے ہیں ان کو دردناک عذاب ملے گا۔

۹۱. نہ تو ضعیفوں پر کچھ گناہ ہے نہ بیماروں پر اور نہ ان پر کہ جن کے پاس جہاد میں شریک ہونے کے لیے رقم موجود نہیں جبکہ دل سے وہ اللہ اور اس کے رسول کے ساتھ مخلص ہوں۔ نیکو کاروں پر کوئی الزام نہیں اور اللہ بخشنے والا مہربان ہے۔

۹۲. اور نہ ان (بے سر و سامان لوگوں) پر الزام ہے کہ جو آپ کے پاس سواری لینے کے لیے آئے اور آپ نے کہا کہ میرے پاس تمہارے لیے سواری کا بندوبست نہیں۔ تو وہ لوٹ گئے اور اس دکھ سے کہ ان کے پاس خرچ موجود نہ تھا۔ ان کی آنکھوں سے آنسو بہہ رہے تھے۔

۹۳. الزام تو ان لوگوں پر ہے جو دولت مند ہیں اور پھر آپ سے اجازت طلب کرتے ہیں (اس بات سے) خوش ہیں (کہ پیچھے رہ جانے والی عورتوں) کے ساتھ گھروں میں بیٹھ رہیں اللہ نے ان کے دلوں پر مہر کر دی ہے، پس وہ سمجھتے ہی نہیں

۹۴. جب تم ان کے پاس واپس جاؤ گے تو تم سے عذر کریں گے۔ تم کہنا کہ عذر مت کرو ہم ہرگز تمہاری بات نہیں مانیں گے اللہ نے ہم کو تمہارے سب حالات بتا دیے ہیں، ابھی اللہ اور اس کا رسول ﷺ تمہارے عملوں کو اور دیکھیں گے، پھر تم غائب و حاضر کے

جاننے والے اللہ وحدہٗ لاشریک کی طرف لوٹائے جاؤ گے اور جو عمل تم کرتے رہے ہو وہ سب تمہیں بتائے گا۔

۹۵. جب تم ان کے پاس لوٹ کر جاؤ تو تمہارے سامنے اللہ کی قسمیں کھائیں گے تاکہ تم ان سے درگزر کرو سو تم ان سے التفات نہ کرنا یہ ناپاک ہیں اور ان کے اعمال کے بدلے ان کا ٹھکانا دوزخ ہے۔

۹۶. یہ تمہارے آگے قسمیں کھائیں گے تاکہ تم ان سے خوش ہو جاؤ لیکن اگر تم ان سے خوش ہو جاؤ گے تو اللہ نافرمان لوگوں سے خوش نہیں ہوتا

۹۷. دیہاتی لوگ کفر اور منافقت میں بہت سخت ہیں اور اس قابل نہیں کہ وہ ان حدود کو جان سکیں جو اللہ نے اپنے رسول ﷺ پر نازل کی ہیں اور اللہ جاننے والا حکمت والا ہے۔

۹۸. اور بعض دیہاتی ایسے ہیں کہ جو خرچ کرتے ہیں اسے تاوان سمجھتے ہیں اور تمہارے حق میں مصیبتوں کے منتظر ہیں۔ انہی پر بری مصیبت واقع ہو اور اللہ سننے والا اور جاننے والا ہے

۹۹. اور بعض دیہاتی ایسے ہیں کہ اللہ اور روز آخرت پر ایمان رکھتے ہیں اور جو کچھ خرچ کرتے ہیں اس کو اللہ کی قربت اور پیغمبر کی دعاؤں کا ذریعہ سمجھتے ہیں۔ سنو! بیشک یہ ان کے لیے نزدیکی کا ذریعہ ہے اللہ ان کو عنقریب اپنی رحمت میں داخل کرے گا۔ بیشک اللہ بخشنے والا مہربان ہے

۱۰۰.   مہاجرین اور انصار میں سے جن لوگوں نے ایمان لانے میں سبقت کی اور جنہوں نے نیکو کاری کے ساتھ ان کی پیروی کی اللہ ان سے خوش ہے اور وہ اللہ سے خوش ہیں۔ اور اللہ نے ان کے لیے باغات تیار کیے ہیں جن کے نیچے نہریں بہہ رہی ہیں وہ ہمیشہ ان میں رہیں گے، یہ بڑی کامیابی ہے۔

۱۰۱.   اور تمہارے گرد و نواح کے بعض دیہاتی منافق ہیں اور بعض مدینہ کے لوگ نفاق پر اڑ رہے ہیں۔ آپ ان کو نہیں جانتے ہمیں ان کا علم ہے۔ عنقریب ہم ان کو دہرا عذاب دیں گے پھر وہ بڑے عذاب کی طرف لوٹائے جائیں گے۔

۱۰۲.   کچھ اور لوگ ہیں جو اپنے گناہوں کا صاف اقرار کرتے ہیں انہوں نے اچھے برے عملوں کو ملا جلا دیا تھا۔ امید ہے کہ اللہ ان کو معاف کر دے کیونکہ اللہ بخشنے والا مہربان ہے۔

۱۰۳.   ان کے مال میں سے زکوٰۃ قبول کر لو کہ اس صدقہ سے آپ ان کے ظاہر و باطن کو پاک کرتے ہیں اور ان (کے نفسوں) کا تزکیہ کرتے ہیں اور ان کے حق میں دعائے خیریں کرتے ہیں کیونکہ آپ کی دعا ان کے لیے تسکین کا باعث ہے۔ اللہ سب کچھ سنتا اور جانتا ہے۔

۱۰۴.   کیا یہ لوگ نہیں جانتے کہ اللہ ہی اپنے بندوں کی توبہ قبول فرماتا ہے اور صدقات و خیرات لیتا ہے اور بیشک اللہ ہی توبہ قبول کرنے والا مہربان ہے۔

۱۰۵. اور ان سے کہہ دو کہ عمل کیے جاؤ اللہ اس کا رسول ﷺ اور مومن سب تمہارے عملوں کو دیکھ لیں گے اور تم غائب و حاضر کے جاننے والے اللہ واحد کی طرف لوٹائے جاؤ گے، پھر جو کچھ تم کرتے رہے ہو وہ سب تم کو بتا دے گا۔

۱۰۶. اور کچھ اور لوگ ہیں کہ ان کا معاملہ اللہ کے حکم آنے تک رکا ہوا ہے خواہ وہ ان کو عذاب دے یا ان کو معاف کر دے اور اللہ جاننے والا حکمت والا ہے۔

۱۰۷. اور ان میں سے ایسے بھی ہیں جنھوں نے اس غرض سے مسجد بنائی ہے کہ ضرر پہنچائیں، کفر کریں اور مومنوں میں تفرقہ ڈالیں اور جو لوگ اللہ اور رسول اللہ ﷺ سے پہلے جنگ کر چکے ہیں ان کے لیے گھات کی جگہ بنائیں اور قسمیں کھائیں گے کہ ہمارا مقصد تو صرف بھلائی تھا مگر اللہ گواہی دیتا ہے کہ یہ جھوٹے ہیں۔

۱۰۸. تم اس مسجد میں جا کر کبھی کھڑے بھی نہ ہونا، البتہ وہ مسجد جس کی بنیاد پہلے دن سے تقویٰ پر رکھی گئی ہے (اس قابل ہے کہ اس میں جایا کرو اور نماز پڑھایا کرو۔) اس میں ایسے لوگ ہیں جو پاک رہنے کو پسند کرتے ہیں اور اللہ پاک رہنے والوں کو ہی پسند کرتا ہے۔

۱۰۹. بھلا جس شخص نے اپنی عمارت کی بنیاد اللہ کے خوف اور اس کی رضامندی پر رکھی ہو وہ اچھا ہے یا وہ جس نے اپنی عمارت کی بنیاد گر جانے والی کھائی کے کنارے پر رکھی ہو کہ وہ اس کو دوزخ کی آگ میں لے گری اور اللہ ظالم لوگوں کو ہدایت نہیں دیتا۔

۱۱۰.	یہ عمارت جوانہوں نے بنائی ہے ہمیشہ ان کے دلوں میں بے چینی کا سبب بنی رہے گی اوران کو پریشان رکھے گی۔ مگر یہ کہ ان کے دل پاش پاش ہوجائیں اوراللہ جاننے والا حکمت والا ہے۔

۱۱۱.	اللہ نے مؤمنوں سے ان کی جانیں اوران کے مال خرید لیے ہیں اوراس کے بدلے میں ان کے لیے بہشت تیار کی ہے۔ یہ لوگ اللہ کی راہ میں لڑتے ہیں تومارتے بھی ہیں اورمارے بھی جاتے ہیں۔ یہ تورات، انجیل اورقرآن میں سچا وعدہ ہے اوراللہ سے زیادہ وعدے کا پوراکرنے والاکون ہے؟ توجوسوداتم نے اس سے کیاہے اس سے خوش رہواور یہی بڑی کامیابی ہے۔

۱۱۲.	توبہ کرنے والے، عبادت کرنے والے، حمد کرنے والے، روزہ رکھنے والے، رکوع کرنے والے، سجدہ کرنے والے، نیک کاموں کا حکم دینے والے، بری باتوں سے منع کرنے والے اوراللہ کی حدوں کی حفاظت کرنے والے یہی مومن لوگ ہیں اور(اے پیغمبر صلی اللہ علیہ وآلہ وسلم!) مؤمنوں کوبہشت کی خوشخبری سنادو

۱۱۳.	نبی اورمسلمانوں کولائق نہیں کہ مشرکوں کے لیے بخشش کی دعامانگیں جبکہ ان کو معلوم ہوگیا کہ وہ دوزخ میں جانے والے ہیں۔ بیشک ایسے لوگ ان کے قرابتدار ہی کیوں نہ ہوں۔

۱۱۴۔ اور ابراہیمؑ کا اپنے باپ کے لیے بخشش مانگنا تو ایک وعدے کی وجہ سے تھا جو وہ اس سے کر چکے تھے لیکن جب ان کو معلوم ہو گیا کہ وہ اللہ کا دشمن ہے تو اس سے بیزار ہو گئے کچھ شک نہیں کہ ابراہیمؑ بڑے نرم دل اور متحمل مزاج تھے۔

۱۱۵۔ اور اللہ ایسا نہیں کہ کسی قوم کو ہدایت دینے کے بعد گمراہ کر دے جب تک ان کو وہ چیز نہ بتا دے جس سے وہ پرہیز کریں۔ بیشک اللہ ہر چیز سے واقف ہے۔

۱۱۶۔ اللہ ہی ہے جس کے لیے آسمانوں اور زمین کی بادشاہت ہے۔ وہی زندگی بخشتا ہے، وہی موت دیتا ہے اور اللہ کے سوا تمہارا کوئی مددگار اور دوست نہیں ہے۔

۱۱۷۔ بیشک اللہ نے مہربانی کی پیغمبر پر مہاجرین اور انصار پر جو باوجود اس کے کہ ان میں سے بعضوں کے دل جلد پھر جانے کو تھے۔ مشکل گھڑی میں پیغمبر کے ساتھ رہے پھر اللہ نے ان پر مہربانی کی بیشک وہ ان پر نہایت مہربان اور شفقت کرنے والا ہے۔

۱۱۸۔ اور ان تینوں پر بھی جن کا معاملہ ملتوی کیا گیا تھا یہاں تک کہ جب زمین باوجود فراخی کے ان پر تنگ ہو گئی اور ان کی جانیں بھی ان پر دو بھر ہو گئیں (ناک میں دم آ گیا) اور انہوں نے یقین کر لیا کہ ان کے لیے کوئی پناہ نہیں پھر اللہ نے ان پر مہربانی کی تا کہ توبہ کریں۔ بیشک اللہ توبہ قبول کرنے والا مہربان ہے۔

۱۱۹۔ اے اہل ایمان! اللہ سے ڈرتے رہو اور راست بازوں کے ساتھ رہو۔

۱۲۰۔ اہل مدینہ کو اور ارد گرد رہنے والے دیہاتیوں کو نہیں چاہیے تھا کہ اللہ کے پیغمبر سے پیچھے رہ جائیں اور نہ یہ کہ اپنی جانوں کو ان کی جان سے زیادہ عزیز رکھیں یہ اس لیے کہ انہیں اللہ کی راہ میں تکلیف پہنچتی ہے پیاس کی، محنت کی یا بھوک کی یا وہ ایسی جگہ چلتے ہیں کہ کافروں کو غصہ آئے یا دشمنوں سے کوئی چیز لیتے ہیں تو ہر بات پر ان کے لیے نیک عمل لکھا جاتا ہے۔ کچھ شک نہیں کہ اللہ نیکو کاروں کا اجر ضائع نہیں کرتا۔

۱۲۱۔ اور اسی طرح وہ جو خرچ کرتے ہیں تھوڑا یا بہت یا کوئی میدان طے کرتے ہیں تو یہ سب کچھ ان کے لیے اعمال صالحہ میں لکھ لیا جاتا ہے۔ تاکہ اللہ ان کو ان کے اعمال کا بہت اچھا بدلہ دے۔

۱۲۲۔ اور یہ تو ہو نہیں سکتا کہ مومن سب کے سب نکل آئیں تو یوں کیوں نہ کیا کہ ہر جماعت میں سے چند اشخاص نکل جاتے تاکہ دین کا علم سیکھتے اور اس میں سمجھ پیدا کرتے، اور جب اپنی قوم کی طرف واپس آتے تو ان کو ڈر سناتے تاکہ وہ بچے رہتے۔

۱۲۳۔ اے ایمان والو! اپنے نزدیک رہنے والے کفار سے جنگ کرو اور چاہیے کہ وہ تم میں سختی (قوت جنگ) معلوم کریں اور جان لو کہ اللہ پرہیز گاروں (ڈرنے والوں) کے ساتھ ہے

۱۲۴۔ اور جب کوئی سورت نازل ہوتی ہے تو بعض منافق مذاقاً کہتے ہیں کہ اس سورت نے تم میں سے کس کا ایمان زیادہ کر دیا ہے؟ سو جو ایمان والے ہیں ان کا تو ایمان زیادہ ہوا اور وہ خوش ہوتے ہیں۔

۱۲۵۔ اور جن کے دلوں میں مرض ہے اس سورت نے ان کے لیے گندگی پر گندگی بڑھا دی اور وہ مرے بھی تو کافر ہی مرے۔

۱۲۶۔ کیا یہ دیکھتے نہیں کہ یہ ہر سال ایک دو بار بلا میں پھنسا دیے جاتے ہیں۔ پھر بھی توبہ نہیں کرتے اور نہ نصیحت پکڑتے ہیں۔

۱۲۷۔ اور جب کوئی سورت نازل ہوتی ہے تو ایک دوسرے کی طرف دیکھنے لگتے ہیں اور پوچھتے ہیں کہ بھلا تمہیں کوئی دیکھتا ہے پھر چل دیتے ہیں۔ اللہ نے ان کے دلوں کو پھیر رکھا ہے کیونکہ یہ لوگ سمجھ نہیں رکھتے۔

۱۲۸۔ لوگو تمہارے پاس تم ہی میں سے ایک پیغمبر آئے ہیں۔ تمہاری تکلیف ان کو گراں معلوم ہوتی ہے اور تمہاری بھلائی کے خواہش مند ہیں۔ مؤمنوں پر نہایت شفقت کرنے والے اور مہربان ہیں۔

۱۲۹۔ پھر اگر یہ لوگ پھر جائیں اور نہ مانیں تو کہہ دو کہ اللہ مجھے کافی ہے اس کے سوا کوئی معبود نہیں، اسی پر میرا بھروسہ ہے اور وہی عرش عظیم کا مالک ہے۔

۱۰۔ سورۃ یونس

۱۔ الٓرٰ۔ یہ بڑی دانائی والی کتاب کی آیتیں ہیں۔

۲۔ کیا لوگوں کو تعجب ہوا کہ ہم نے انہی میں سے ایک آدمی کو حکم بھیجا کہ لوگوں کو ڈر سناد و اور ایمان لانے والوں کو خوشخبری سنا دو کہ ان کے رب کے پاس ان کا سچا درجہ ہے۔ ایسے شخص کے لیے کافر کہتے ہیں کہ یہ تو صریح جادوگر ہے۔

۳۔ تمہارا رب تو اللہ ہی ہے۔ جس نے آسمان اور زمین چھ دن میں بنائے پھر عرش پر قرار پکڑا وہی ہر ایک کا انتظام کرتا ہے کوئی بھی اس کی اجازت کے بغیر اس کے پاس کسی کی سفارش نہیں کر سکتا۔ یہی اللہ تمہارا پروردگار ہے۔ تو اسی کی عبادت کرو۔ بھلا تم غور کیوں نہیں کرتے

۴۔ اسی کے پاس تم سب کو لوٹ کر جانا ہے۔ اللہ کا وعدہ سچا ہے۔ وہی خلقت کو پہلی بار پیدا کرتا ہے، پھر وہی اس کو دوبارہ پیدا کرے گا۔ تاکہ ایمان والوں اور نیک کام کرنے

والوں کو انصاف کے ساتھ بدلہ دے اور جو کافر ہیں ان کے لیے پینے کو نہایت گرم پانی اور درد دینے والا عذاب ہو گا۔ کیونکہ وہ اللہ سے انکار کرتے تھے۔

۵. وہی تو ہے جس نے سورج کو روشن اور چاند کو منور بنایا اور چاند کی منزلیں مقرر کیں تاکہ تم برسوں کا شمار اور (کاموں کا) حساب معلوم کرو۔ یہ سب کچھ اللہ نے تدبیر سے پیدا کیا ہے۔ سمجھنے والوں کے لیے وہ اپنی آیتیں کھول کھول کر بیان کرتا ہے

۶. رات اور دن کے ایک دوسرے کے پیچھے آنے جانے میں اور جو چیزیں اللہ تعالیٰ نے آسمان اور زمین میں پیدا کی ہیں سب میں ڈرنے والوں کے لیے نشانیاں ہیں۔

۷. جن لوگوں کو ہم سے ملنے کی توقع نہیں، دنیا کی زندگی سے خوش اور مطمئن ہو بیٹھے ہماری نشانیوں سے غافل ہو بیٹھے ہیں۔

۸. ان کا ٹھکانا ان اعمال کی وجہ سے جو وہ کرتے ہیں دوزخ ہے۔

۹. اور جو لوگ ایمان لائے اور نیک کام کرتے رہے ان کو اللہ تعالیٰ ان کے ایمان کی وجہ سے ایسے محلوں کی راہ دکھائے گا کہ ان کے نیچے نہریں بہہ رہی ہوں گی اور وہ نعمتوں سے بھرے باغات ہوں گے۔

۱۰. جب وہ ان کی نعمتوں کو دیکھیں گے تو بے ساختہ کہیں گے سبحان اللہ اور آپس میں ان کی دعا سلام علیکم ہو گی۔ اور ان کی دعا کا آخری قول یہ ہو گا کہ تمام طرح کی تعریف اس اللہ کے لیے ہے جو رب العالمین ہے۔

۱۱.		اور اگر اللہ لوگوں کی برائی میں جلدی کرتا جس طرح وہ طلب خیر میں جلدی کرتے ہیں۔ تو ان کی عمر کی میعاد پوری ہو چکی ہوتی تو جن لوگوں کو ہم سے ملنے کی توقع نہیں انہیں ہم چھوڑے رکھتے ہیں کہ اپنی سرکشی میں بھٹکتے رہیں۔

۱۲.		اور جب انسان کو کوئی تکلیف پہنچتی ہے تو ہم کو پکارتا ہے لیٹے، بیٹھے اور کھڑے پھر جب ہم اس کی تکلیف اس سے ہٹا دیتے ہیں تو وہ ایسا ہو جاتا ہے گویا اس نے اپنی تکلیف کے لیے جو اسے پہنچی تھی کبھی ہمیں پکارا ہی نہ تھا، ان حد سے گزرنے والوں کے اعمال کو ان کے لیے اسی طرح خوش نما بنا دیا گیا ہے۔

۱۳.		اور تم سے پہلے کئی امتوں کو جب انہوں نے ظلم اختیار کیا ہم ہلاک کر چکے ہیں اور ان کے پاس پیغمبر کھلی نشانیاں لے کر آئے، مگر وہ ایسے نہ تھے کہ ایمان لاتے۔ ہم گنہگاروں کو اسی طرح بدلہ دیا کرتے ہیں

۱۴.		پھر ہم نے ان کے بعد تم لوگوں کو زمین میں خلیفہ بنایا تاکہ دیکھیں تم کیسے کام کرتے ہو۔

۱۵.		اور جب ان کو ہماری آیتیں پڑھ کر سنائی جاتی ہیں تو جن لوگوں کو ہم سے ملنے کی امید نہیں وہ کہتے ہیں کہ یا تو اس کے سوا کوئی اور قرآن بنا کر لاؤ یا اس کو بدل دو۔ کہہ دو کہ مجھے اختیار نہیں ہے کہ اسے اپنی طرف سے بدل دوں۔ میں تو اسی حکم کا تابع ہوں جو میری طرف آتا ہے۔ اگر میں اپنے رب کی نافرمانی کروں تو مجھے بڑے دن کے عذاب سے خوف آتا ہے۔

۱۶.	کہہ دو کہ اگر اللہ چاہتا تو نہ تو میں ہی یہ کتاب تم کو پڑھ کر سناتا اور نہ وہی تمہیں اس سے واقف کرتا۔ میں اس سے پہلے تم میں ایک عمر رہا ہوں (اور کبھی ایک کلمہ بھی اس طرح کا نہیں کہا) بھلا تم سمجھتے نہیں۔

۱۷.	تو اس سے بڑھ کر ظالم کون ہوگا جو اللہ پر جھوٹ بہتان باندھے اور اس کی آیتوں کو جھٹلائے، بیشک مجرم فلاح نہیں پائیں گے۔

۱۸.	اور یہ لوگ اللہ کے سوا جن کی پرستش کرتے ہیں وہ نہ ان کا کچھ بگاڑ سکتے ہیں اور نہ ہی کچھ نفع پہنچا سکتے ہیں اور کہتے ہیں کہ یہ اللہ کے پاس ہماری سفارش کرنے والے ہیں۔ کہہ دو کیا تم اللہ کو ایسی چیز کی خبر دیتے ہو جو اللہ تعالیٰ کو معلوم نہیں، نہ آسمانوں میں اور نہ زمین میں، وہ پاک اور برتر ہے ان لوگوں کے شرک سے

۱۹.	اور سب لوگ پہلے ایک ہی امت تھے پھر جدا جدا ہو گئے اور اگر ایک بات جو تمہارے رب کی طرف سے طے ہو چکی ہے، نہ ہوتی، تو جن باتوں میں وہ اختلاف کرتے ہیں ان کے درمیان فیصلہ کر دیا جاتا۔

۲۰.	اور کہتے ہیں کہ اس پر اس کے رب کی طرف سے کوئی نشانی کیوں نازل نہیں ہوتی۔ کہہ دو کہ غیب کا علم تو اللہ ہی کو ہے سو تم انتظار کرو میں بھی تمہارے ساتھ انتظار کرتا ہوں۔

۲۱. اور جب ہم لوگوں کو تکلیف پہنچنے کے بعد اپنی رحمت سے آسائش کا مزہ چکھاتے ہیں تو وہ ہماری آیتوں میں حیلے کرنے لگتے ہیں کہہ دو کہ اللہ بہت جلد حیلہ کرنے والا ہے اور جو حیلے تم کرتے ہو ہمارے فرشتے ان کو لکھتے جاتے ہیں۔

۲۲. وہی تو ہے جو تم کو خشکی اور دریا میں (چلنے پھرنے اور) سیر کرنے کی توفیق دیتا ہے۔ یہاں تک کہ جب تم کشتیوں میں سوار ہوتے ہو اور کشتیاں پاکیزہ ہوا کے نرم نرم جھونکوں سے سواروں کو لے کر چلنے لگتی ہیں اور وہ ان سے خوش ہوتے ہیں تو اچانک زناٹے کی ہوا چل پڑتی ہے اور ہر طرف سے جوش مارتی ہوئی لہریں ان پر آنے لگتی ہیں اور وہ خیال کرتے ہیں کہ اب تو لہروں میں گھر گئے تو اس وقت خالص اللہ ہی کی عبادت کر کے اس سے دعا مانگنے لگتے ہیں کہ اے اللہ! اگر تو ہم کو اس سے نجات بخشے تو ہم تیرے بہت شکر گزار ہوں گے۔

۲۳. لیکن جب وہ ان کو نجات دے دیتا ہے تو زمین میں ناحق شرارت کرنے لگتے ہیں۔ لوگو! تمہاری شرارت کا وبال تمہاری ہی جانوں پر ہوگا۔ تم دنیا کی زندگی کے فائدے اٹھا لو، پھر تم کو ہمارے ہی پاس لوٹ کر آنا ہے اس وقت ہم تم کو بتائیں گے جو کچھ تم کیا کرتے تھے۔

۲۴. دنیا کی زندگی کی مثال بارش کی سی ہے کہ ہم نے اس کو آسمان سے برسایا، پھر اس کے ساتھ سبزہ جسے آدمی اور جانور کھاتے ہیں مل کر نکلا یہاں تک کہ زمین سبزے سے آراستہ اور خوش نما ہو گئی اور زمین والوں نے خیال کیا کہ وہ اس پر پوری دسترس رکھتے ہیں

اچانک رات کو یا دن کو ہمارا حکم عذاب کا آ پہنچا تو ہم نے اس کو کاٹ کر ایسا کر ڈالا کہ گویا کل وہاں کچھ تھا ہی نہیں جو لوگ غور کرنے والے ہیں ان کے لیے ہم اپنی قدرت کی نشانیاں اسی طرح کھول کھول کر بیان کرتے ہیں۔

۲۵. اور اللہ سلامتی کے گھر کی طرف بلاتا ہے اور جس کو چاہے سیدھا راستہ دکھاتا ہے۔

۲۶. جنہوں نے بھلائی کی ان کے لیے بھلائی ہے اور مزید فضل، اور ان کے چہروں پر نہ تو سیاہی چھائے گی اور نہ رسوائی یہی جنتی ہیں کہ ہمیشہ اس میں رہیں گے۔

۲۷. اور جنہوں نے برے کام کیے تو برائی کا بدلہ ویسا ہی ہوگا۔ اور ان کے چہروں پر ذلت چھا جائے گی اور کوئی بھی ان کو اللہ سے بچانے والا نہ ہوگا۔ ان کے چہروں کی سیاہی کا یہ حال ہوگا کہ گویا ان پر اندھیری رات کے ٹکڑے اڑھا دیے گئے ہیں، یہی دوزخی ہیں اور ہمیشہ اس میں رہیں گے

۲۸. اور جس دن ہم ان سب کو جمع کریں گے، پھر مشرکوں سے کہیں گے تم اور تمہارے شریک اپنی اپنی جگہ ٹھہرے رہو تو ہم انہیں الگ کر دیں گے اور ان کے شریک ان سے کہیں گے کہ تم ہم کو تو نہیں پوجا کرتے تھے۔

۲۹. ہمارے اور تمہارے درمیان اللہ ہی گواہ کافی ہے ہم تمہاری پرستش سے بالکل بیخبر تھے۔

۳۰.   وہاں ہر شخص اپنے اعمال کی جو اس نے آگے بھیجے ہوں گے آزمائش کرلے گا۔ اور وہ اپنے سچے مالک کی طرف لوٹائے جائیں گے اور جو کچھ وہ بہتان باندھا کرتے تھے سب ان سے جاتا رہے گا۔

۳۱.   ان سے پوچھو کہ تم کو آسمان اور زمین میں رزق کون دیتا ہے؟ یا کانوں اور آنکھوں کا مالک کون ہے؟ بے جان سے جاندار کون پیدا کرتا ہے اور جاندار سے بے جان کون پیدا کرتا ہے؟ اور دنیا کے کاموں کا انتظام کون کرتا ہے؟ جھٹ کہہ دیں گے کہ اللہ تو کہو پھر تم اللہ سے ڈرتے کیوں نہیں؟

۳۲.   یہی اللہ تو تمہارا رب برحق ہے اور حق بات ظاہر ہونے کے بعد گمراہی کے سوا ہے ہی کیا؟ تو تم کہاں پھرے جاتے ہو؟

۳۳.   اسی طرح اللہ کا ارشاد ان نافرمانوں کے حق میں ثابت ہو کر رہا کہ یہ ایمان نہیں لائیں گے۔

۳۴.   ان سے پوچھو کہ بھلا تمہارے شریکوں میں کوئی ایسا ہے کہ مخلوقات کو ابتداءً پیدا کرے اور پھر اس کو دوبارہ بنائے؟ کہہ دو کہ اللہ ہی پہلی بار پیدا کرتا ہے پھر وہی اس کو دوبارہ پیدا کرے گا۔ تو تم کہاں الٹے جارہے ہو۔

۳۵.	پوچھو کہ بھلا تمہارے شریکوں میں کون ایسا ہے کہ حق کا راستہ دکھائے ؟ کہہ دو کہ اللہ ہی حق کا راستہ دکھاتا ہے ۔ وہی اس قابل ہے کہ اس کی پیروی کی جائے ۔ یا وہ کہ جب تک اسے کوئی رستہ نہ دکھائے ، رستہ نہ پائے ۔ تو تم کو کیا ہوا ہے ؟ کیسا انصاف کرتے ہو؟

۳۶.	اور ان میں سے اکثر صرف ظن کی پیروی کرتے ہیں ۔ اور کچھ شک نہیں کہ ظن حق کے مقابلہ میں کچھ بھی کار آمد نہیں ہو سکتا بیشک اللہ تمہارے سب اعمال سے واقف ہے ۔

۳۷.	اور یہ قرآن کوئی ایسا نہیں کہ اللہ کے سوا کوئی اس کو اپنی طرف سے بنا لائے ہاں ! یہ اللہ کا کلام ہے جو کتابیں اس سے پہلے کی ہیں ان کی تصدیق کرتا ہے اور انہی کتابوں کی اس میں تفصیل ہے اس میں کچھ شک نہیں کہ یہ رب العالمین کی طرف سے نازل ہوا ہے ۔

۳۸.	کیا یہ لوگ کہتے ہیں کہ پیغمبر نے اس کو اپنی طرف سے بنا لیا ہے ؟ کہہ دو کہ اگر سچے ہو تو تم بھی اس طرح کی ایک سورت بنا لاؤ اور اللہ کے سوا جن کو تم بلا سکو بلا بھی لو ۔

۳۹.	حقیقت یہ ہے کہ جس چیز کے علم پر یہ قابو نہیں پا سکے اس کو نادانی سے جھٹلا دیا ۔ اور ابھی اس کی حقیقت ان پر کھلی ہی نہیں ۔ اسی طرح جو لوگ ان سے پہلے تھے انہوں نے تکذیب کی تھی سو دیکھ لو کہ ظالموں کا کیسا انجام ہوا؟

۴۰.	اور ان میں سے کچھ تو ایسے ہیں کہ اس پر ایمان لے آتے ہیں اور کچھ ایسے ہیں کہ ایمان نہیں لاتے اور تمہارا رب شریروں سے خوب واقف ہے ۔

۴۱. اور اگر یہ تمہاری تکذیب کریں تو کہہ دو کہ میرے لیے میرا عمل اور تمہارے لیے تمہارا عمل، تم اس سے بری الذمہ ہو جو میں کرتا ہوں اور میں اس سے جو تم کرتے ہو۔

۴۲. اور ان میں بعض ایسے ہیں کہ تمہاری طرف کان لگاتے ہیں تو کیا تم بہروں کو سناؤ گے اگرچہ کچھ بھی سنتے نہ ہوں؟

۴۳. اور بعض تمہاری طرف دیکھتے ہیں تو کیا تم اندھوں کو راستہ دکھاؤ گے اگرچہ کچھ بھی دیکھتے بھالتے نہ ہوں؟

۴۴. اللہ تو لوگوں پر کچھ ظلم نہیں کرتا لیکن لوگ ہی اپنے آپ پر ظلم کرتے ہیں۔

۴۵. اور جس دن اللہ ان کو جمع کرے گا تو وہ دنیا کی نسبت یوں سوچیں گے کہ گویا وہاں گھڑی بھر دن ہی رہے ہوں اور آپس میں ایک دوسرے کو پہچان بھی لیں گے۔ جن لوگوں نے اللہ کے سامنے پیش ہونے کو جھٹلایا بیشک وہ خسارے میں پڑے اور وہ راہ پر نہ آئے

۴۶. اور اگر ہم کوئی عذاب جس کا ان لوگوں سے وعدہ کرتے ہیں آپ کی آنکھوں کے سامنے نازل کریں یا اس وقت جب آپ کی زندگی کی مدت پوری کر دیں۔ تو ان کو ہمارے ہی پاس لوٹ کر آنا ہے۔ پھر جو کچھ یہ کر رہے ہیں اللہ اس کو دیکھ رہا ہے۔

۴۷. اور ہر ایک امت کی طرف پیغمبر بھیجا گیا جب ان کا پیغمبر آتا ہے تو ان میں انصاف کے ساتھ فیصلہ کر دیا جاتا ہے اور ان پر کچھ ظلم نہیں کیا جاتا۔

۴۸. اور یہ کہتے ہیں کہ اگر تم سچے ہو تو جس عذاب کا یہ وعدہ ہے کب آئے گا

۴۹. کہہ دو کہ میں اپنے نقصان اور فائدے کا بھی کچھ اختیار نہیں رکھتا مگر جو اللہ چاہے ہر ایک امت کے لیے موت کا ایک وقت مقرر ہے، جب وہ وقت آجاتا ہے تو ایک گھڑی بھی دیر نہیں کر سکتے اور نہ جلدی کر سکتے ہیں۔

۵۰. کہہ دو کہ بھلا دیکھو تو اگر اس کا عذاب تم پر اچانک آجائے رات کو یا دن کو تو پھر گنہگار کس بات کی جلدی کریں گے۔

۵۱. کیا جب وہ آواقع ہوگا تب اس پر ایمان لاؤ گے؟ اس وقت کہا جائے گا کہ اب ایمان لائے؟ اسی لیے تو تم جلدی مچایا کرتے تھے۔

۵۲. پھر ان ظالم لوگوں کو کہا جائے گا کہ ہمیشہ کے عذاب کا مزہ چکھو اب تم انہی اعمال کا بدلہ پاؤ گے جو دنیا میں کرتے رہے۔

۵۳. اور آپ سے پوچھتے ہیں کہ کیا یہ سچ ہے؟ کہہ دو ہاں! اللہ کی قسم سچ ہے تو تم بھاگ کر اللہ کو عاجز نہیں کر سکو گے۔

۵۴. اور اگر ہر ایک نافرمان شخص کے پاس زمین کی تمام چیزیں ہوں تو عذاب سے بچنے کے لیے سب دے ڈالے اور جب وہ عذاب کو دیکھیں گے تو پچھتائیں گے اور ندامت کو چھپائیں گے اور ان میں انصاف کے ساتھ فیصلہ کر دیا جائے گا۔ اور ان پر کسی طرح کا ظلم نہیں ہوگا۔

۵۵۔ سن رکھو! جو کچھ آسمانوں اور زمین میں ہے سب اللہ ہی کا ہے اور یہ بھی سن رکھو کہ اللہ کا وعدہ سچا ہے لیکن اکثر لوگ نہیں جانتے۔

۵۶۔ وہی زندگی بخشتا اور وہی موت دیتا ہے اور تم لوگ اسی کی طرف لوٹ کر جاؤ گے۔

۵۷۔ لوگو! تمہارے پاس رب کی طرف سے نصیحت اور دلوں کی بیماریوں کی شفا اور مؤمنوں کے لیے ہدایت اور رحمت آپہنچی ہے۔

۵۸۔ کہہ دو کہ یہ کتاب اللہ کے فضل اور اس کی مہربانی سے نازل ہوئی ہے تو چاہیے کہ لوگ اس سے خوش ہوں یہ اس سے کہیں بہتر ہے جو وہ جمع کرتے ہیں۔

۵۹۔ کہو کہ بھلا دیکھو تو اللہ نے تمہارے لیے جو رزق نازل فرمایا تو تم نے اس میں سے بعض کو حرام ٹھہرایا اور بعض کو حلال۔ ان سے پوچھو کیا اللہ نے تمہیں اس کا حکم دیا ہے یا تم اللہ پر افترا کرتے ہو۔

۶۰۔ اور جو لوگ اللہ پر افترا کرتے ہیں وہ قیامت کے دن کے بارے میں کیا خیال رکھتے ہیں؟ بیشک اللہ لوگوں پر مہربان ہے لیکن اکثر لوگ شکر نہیں کرتے۔

۶۱۔ اور تم جس حال میں ہوتے ہو یا قرآن سے کچھ پڑھتے ہو یا تم لوگ کوئی اور کام کرتے ہو جب اس میں مصروف ہوتے ہو ہم تمہارے سامنے ہوتے ہیں اور تمہارے رب سے ذرہ برابر بھی کوئی چیز پوشیدہ نہیں نہ زمین میں اور نہ آسمان میں اور نہ کوئی چیز اس سے چھوٹی ہے یا بڑی مگر کتاب روشن میں لکھی گئی ہے۔

۶۲.	سن لو! کہ جو اللہ کے دوست ہیں ان کو نہ کچھ خوف ہوگا اور نہ وہ غمناک ہوں گے۔

۶۳.	جو ایمان لائے اور پرہیزگار رہے

۶۴.	ان کے لیے دنیا کی زندگی میں بھی بشارت ہے اور آخرت میں بھی، اللہ کی باتیں بدلتی نہیں یہی تو بڑی کامیابی ہے۔

۶۵.	اور (اے پیغمبر صلی اللہ علیہ وآلہ وسلم!) ان لوگوں کی باتیں آپ کو غمزدہ نہ کریں کیونکہ عزت سب اللہ ہی کی ہے وہ سب کچھ سنتا اور جانتا ہے۔

۶۶.	سن رکھو کہ جو کچھ آسمانوں میں ہے اور جو زمین میں ہے سب اللہ ہی کے لیے ہے، اور یہ جو اللہ کے سوا اپنے بنائے ہوئے شریکوں کو پکارتے ہیں وہ کسی اور چیز کے پیچھے نہیں صرف اپنے ظن کے پیچھے چلتے ہیں۔ اور صرف اٹکلیں دوڑا رہے ہیں۔

۶۷.	وہی ہے جس نے تمہارے لیے رات کو بنایا کہ اس میں چین حاصل کرو اور دن کو روشن بنا دیا، بیشک اس میں ان لوگوں کے لیے جو سنتے ہیں نشانیاں ہیں۔

۶۸.	بعض لوگ کہتے ہیں کہ اللہ نے بیٹا بنا لیا ہے۔ اس کی ذات اولاد سے پاک ہے، اور وہ بے نیاز ہے۔ جو کچھ آسمانوں میں اور جو کچھ زمین میں ہے، سب اسی کا ہے۔ تمہارے پاس اس کی کوئی دلیل نہیں۔ تم اللہ کے بارے میں ایسی بات کیوں کہتے ہو جو جانتے نہیں۔

۶۹.	کہہ دو کہ جو لوگ اللہ پر جھوٹ باندھتے ہیں فلاح نہیں پائیں گے۔

۷۰. (ان کے لیے جو) فائدے ہیں دنیا میں ہیں، پھر ان کو ہماری ہی طرف لوٹ کر آنا ہے اس وقت ہم ان کو عذاب شدید کے مزے چکھائیں گے۔ کیونکہ وہ کفر کی باتیں کیا کرتے تھے۔

۷۱. اور ان کو نوحؑ کا قصہ پڑھ کر سنا دیں جب انہوں نے اپنی قوم سے کہا کہ اے قوم! اگر تم کو میرا تم میں رہنا اور اللہ کی آیات کے ساتھ نصیحت کرنا ناگوار ہو تو میں اللہ پر بھروسہ رکھتا ہوں تم اپنے شریکوں کے ساتھ مل کر ایک کام جو میرے بارے میں کرنا چاہو مقرر کر لو اور وہ تمہاری پوری جماعت کو معلوم ہو جائے اور کسی سے پوشیدہ نہ رہے پھر وہ کام میرے حق میں کر گزرو اور مجھے مہلت نہ دو۔

۷۲. اور اگر تم نے منہ پھیر لیا تو تم جانتے ہو کہ میں نے تم سے کچھ معاوضہ نہیں مانگا، میرا معاوضہ تو اللہ کے ذمہ ہے اور مجھے حکم ہوا ہے کہ میں فرمانبرداروں میں رہوں۔

۷۳. لیکن ان لوگوں نے ان کو جھٹلایا تو ہم نے ان کو اور جو لوگ کشتی میں ان کے ساتھ سوار تھے سب کو (طوفان سے) بچا لیا۔ اور انہیں زمین میں خلیفہ بنا دیا اور جن لوگوں نے ہماری آیتوں کو جھٹلایا ان کو غرق کر دیا، تو دیکھ لو جو لوگ ڈرائے گئے تھے ان کا کیسا انجام ہوا؟

۷۴. پھر نوحؑ کے بعد اور پیغمبر ہم نے ان کی اپنی قوم کی طرف بھیجے، تو وہ ان کے پاس کھلی نشانیاں لے کر آئے مگر وہ لوگ ایسے نہ تھے کہ جس بات کو پہلے جھٹلا چکے تھے اس پر ایمان لے آتے، اسی طرح ہم زیادتی کرنے والوں کے دلوں پر مہر لگا دیتے ہیں۔

۷۵۔ پھر ان کے بعد ہم نے موسیٰؑ اور ہارونؑ کو اپنی نشانیاں دے کر فرعون اور اس کے سرداروں کے پاس بھیجا تو انہوں نے تکبر کیا اور وہ گنہگار لوگ تھے۔

۷۶۔ تو جب ان کے پاس ہمارے ہاں سے حق آیا تو کہنے لگے کہ یہ تو صاف جادو ہے۔

۷۷۔ موسیٰؑ نے کہا کیا تم حق کے بارے میں جب وہ تمہارے پاس آیا یہ کہتے ہو کہ یہ جادو ہے۔ حالانکہ جادوگر فلاح نہیں پا سکتے۔

۷۸۔ وہ بولے کیا تم ہمارے پاس اس لیے آئے ہو کہ جس راہ پر ہم اپنے باپ دادا کو پاتے رہے ہیں اس سے ہمیں پھیر دو۔ اور اس ملک میں تم دونوں کی ہی سرداری ہو جائے؟ اور ہم تم پر ایمان لانے والے نہیں ہیں۔

۷۹۔ اور فرعون نے حکم دیا کہ سب کامل جادوگروں کو ہمارے پاس لے آؤ۔

۸۰۔ جب جادوگر آئے تو موسیٰؑ نے ان سے کہا تم کو جو ڈالنا ہو ڈالو۔

۸۱۔ جب انہوں نے اپنی رسیوں اور لاٹھیوں کو ڈالا، تو موسیٰؑ نے کہا جو چیزیں تم بنا کر لائے ہو، جادو ہے۔ اللہ اس کو ابھی نیست و نابود کر دے گا۔ اللہ شریروں کا کام سنوارا نہیں کرتا۔

۸۲۔ اور اللہ اپنے حکم سے سچ کو سچ ہی کر دے گا، اگر چہ گنہگار برا ہی مانیں۔

۸۳.	تو موسیٰ پر کوئی ایمان نہ لایا، مگر اس کی قوم میں سے چند لڑکے اور وہ بھی فرعون اور اس کے اہل دربار سے ڈرتے ڈرتے، کہ کہیں وہ ان کو آفت میں نہ پھنسا دے، اور فرعون ملک میں متکبر (متغلب) حد سے بڑھا ہوا تھا۔

۸۴.	اور موسیٰ نے کہا کہ اے قوم! اگر تم اللہ پر ایمان لائے ہو اور اگر دل سے فرمانبردار ہو؟ تو اسی پر بھروسہ رکھو۔

۸۵.	تو وہ بولے کہ ہم اللہ ہی پر بھروسہ رکھتے ہیں۔ اے ہمارے رب ہم کو ظالم لوگوں کے ہاتھ سے آزمائش میں نہ ڈال۔

۸۶.	اور اپنی رحمت سے کفار کی قوم سے نجات بخش۔

۸۷.	اور ہم نے موسیٰ اور اس کے بھائی کی طرف وحی بھیجی کہ اپنی قوم کے لیے مصر میں گھر بناؤ اور اپنے گھروں کو قبلہ یعنی مسجدیں ٹھہراؤ، نماز پڑھو اور مؤمنوں کو خوشخبری سنا دو۔

۸۸.	اور موسیٰ نے کہا اے ہمارے رب! تو نے فرعون اور اس کے سرداروں کو دنیا کی زندگی میں بہت سا ساز و برگ اور مال و زر دے رکھا ہے، اے اللہ! ان کا کام یہ ہے کہ تیرے رستہ سے گمراہ کر دیں، اے ہمارے رب! ان کے مال کو برباد کر دے اور ان کے دلوں کو سخت کر دے کہ ایمان نہ لائیں جب تک دردناک عذاب نہ دیکھ لیں۔

۸۹. اللہ نے فرمایا کہ تمہاری دعا قبول کرلی گئی تو تم ثابت قدم رہنا اور بے عقلوں کے راستے پر نہ چلنا۔

۹۰. اور ہم نے بنی اسرائیل کو دریا سے پار کر دیا، تو فرعون اور اس کے لشکر نے سرکشی اور دشمنی سے ان کا پیچھا کیا۔ یہاں تک کہ جب وہ غرق ہونے کے عذاب میں مبتلا ہوا تو کہنے لگا میں ایمان لایا کہ جس اللہ پر بنی اسرائیل ایمان لائے ہیں، اس کے سوا کوئی معبود نہیں اور میں فرمانبرداروں میں ہوں۔

۹۱. (جواب ملا کہ) اب ایمان لاتا ہے؟ حالانکہ تو پہلے نافرمانی کرتا رہا اور مفسد بنا رہا۔

۹۲. تو آج ہم تیرے بدن کو بچالیں گے تاکہ تو پچھلوں کے لیے عبرت ہو، اور بہت سے لوگ ہماری نشانیوں سے بیخبر ہیں۔

۹۳. اور ہم نے بنی اسرائیل کو رہنے کے لیے عمدہ جگہ دی، اور کھانے کو پاکیزہ چیزیں دیں۔ لیکن وہ باوجود علم ہونے کے اختلاف کرتے رہے، بیشک جن باتوں میں وہ اختلاف کرتے رہے تمہارا رب قیامت کے دن ان میں ان باتوں کا فیصلہ کر دے گا

۹۴. اگر تمہیں اس کتاب کے بارے میں جو ہم نے تم پر نازل کی ہے کچھ شک ہو تو جو لوگ تم سے پہلے اتری ہوئی کتابیں پڑھتے ہیں، ان سے پوچھ لو۔ تمہارے رب کی طرف سے تمہارے پاس حق آچکا ہے تو آپ ہرگز شک کرنے والوں میں نہ ہوں۔

۹۵. اور نہ ان لوگوں میں ہونا جو اللہ کی آیتوں کو جھٹلاتے ہیں، ورنہ نقصان اٹھاؤ گے۔

۹۶. جن لوگوں کے بارے میں اللہ کے عذاب کا حکم قرار پاچکا ہے وہ ایمان نہیں لانے والے۔

۹۷. جب تک کہ دردناک عذاب نہ دیکھ لیں خواہ ان کے پاس ہر طرح کی نشانی آ جائے۔

۹۸. تو کوئی بستی ایسی کیوں نہ ہوئی کہ ایمان لاتی تو اس کا ایمان اسے نفع دیتا۔ ہاں! یونسؑ کی قوم کہ جب ایمان لائی تو ہم نے دنیا کی زندگی میں ان سے ذلت کا عذاب دور کر دیا اور ایک مدت تک ان کو دنیاوی فائدے دیے رکھے۔

۹۹. اگر آپ کا رب چاہتا تو جتنے لوگ زمین میں ہیں سب کے سب ایمان لے آتے تو کیا تم لوگوں پر زبردستی کرنا چاہتے ہو۔ کہ وہ مومن ہو جائیں۔

۱۰۰. حالانکہ کسی کو قدرت نہیں ہے کہ اللہ کے حکم کے بغیر ایمان لائے اور جو لوگ بے عقل ہیں ان پر وہ کفر و ذلت کی نجاست ڈالتا ہے۔

۱۰۱. ان کفار سے کہو کہ دیکھو تو آسمان اور زمین میں کیا کیا کچھ ہے؟ مگر جو لوگ ایمان نہیں رکھتے ان کے لیے نہ ڈراوے کام آتے ہیں اور نہ ہی نشانیاں کام آتی ہیں۔

۱۰۲. سو جیسے (برے) دن ان سے پہلے لوگوں پر گزر چکے ہیں اسی طرح کے دنوں کے یہ منتظر ہیں کہہ دو کہ تم بھی انتظار کرو میں بھی تمہارے ساتھ انتظار کرتا ہوں۔

۱۰۳.   اور ہم اپنے پیغمبروں اور مؤمنوں کو نجات دیتے رہے ہیں اسی طرح ہمارا ذمہ ہے کہ مسلمانوں کو نجات دیں

۱۰۴.   (اے پیغمبر صلی اللہ علیہ وآلہ وسلم!) کہہ دو لوگو! اگر تمہیں میرے دین میں کسی طرح کا شک ہو تو سن لو کہ جن کی تم اللہ کے سوا عبادت کرتے ہو میں ان کی عبادت نہیں کرتا۔ بلکہ میں اللہ کی عبادت کرتا ہوں جو تمہاری روحیں قبض کرلیتا ہے، اور مجھے یہی حکم ہوا ہے کہ ایمان لانے والوں میں ہوں۔

۱۰۵.   اور یہ کہ (اے محمد صلی اللہ علیہ وآلہ وسلم) سب سے یکسو ہو کر دین اسلام کی پیروی کیے جاؤ اور مشرکوں میں ہر گز نہ ہونا۔

۱۰۶.   اور اللہ کو چھوڑ کر ایسی چیز کو نہ پکارنا جو نہ تمہارا بھلا کرسکے اور نہ کچھ بگاڑ سکے اگر ایسا کرو گے تو ظالموں میں ہو جاؤ گے۔

۱۰۷.   اور اگر اللہ تمہیں کوئی تکلیف پہنچائے تو اللہ کے سوا اس کو دور کرنے والا اور کوئی نہیں اور اگر وہ تم سے بھلائی کرنا چاہے تو اس کے فضل کو روکنے والا کوئی نہیں وہ اپنے بندوں میں سے جسے چاہتا ہے فائدہ پہنچاتا ہے اور وہ بخشنے والا مہربان ہے۔

۱۰۸.   کہہ دو کہ لوگو! تمہارے رب کی طرف سے تمہارے پاس حق آچکا ہے تو جو کوئی ہدایت حاصل کرتا ہے تو ہدایت سے اپنے ہی حق میں بھلائی کرتا ہے، اور جو گمراہی اختیار کرتا ہے، تو گمراہی سے اپنا ہی نقصان کرتا ہے۔ اور میں تمہارا وکیل نہیں ہوں۔

۱۰۹. (اور اے پیغمبر صلی اللہ علیہ وآلہ وسلم!) آپ کو جو حکم بھیجا جاتا ہے اس کی پیروی کیے جاؤ اور (تکلیفوں پر) صبر کرو۔ یہاں تک کہ اللہ فیصلہ کر دے اور وہ سب سے بہتر فیصلہ کرنے والا ہے۔

۱۱۔ سورۃ ہود

۱۔ الٓرٰ۔ یہ وہ کتاب ہے جس کی آیتیں محکم ہیں اور اللہ حکیم و خبیر کی طرف سے با وضاحت بیان کر دی گئی ہیں۔

۲۔ یہ کہ اللہ کے سوا کسی کی عبادت نہ کرو اور میں اس کی طرف سے ڈر سنانے والا اور خوشخبری دینے والا ہوں۔

۳۔ اور یہ کہ اپنے رب سے بخشش مانگو، اس کے آگے توبہ کرو وہ تم کو ایک وقت مقرر تک اچھا فائدہ پہنچائے گا اور ہر بزرگی والے کو اس کا فضل عطا کرے گا۔ اور اگر رو گردانی کرو گے تو مجھے تمہارے بارے میں (قیامت کے) بڑے دن کے عذاب کا ڈر ہے۔

۴۔ تم سب کو اللہ کی طرف لوٹ کر جانا ہے اور وہ ہر چیز پر قادر ہے۔

۵۔ دیکھو! یہ اپنے سینوں کو دہرا کرتے ہیں تاکہ اللہ سے چھپائیں سن رکھو! جس وقت یہ کپڑوں میں لپٹ کر پڑتے ہیں تب بھی وہ ان کی کھلی اور چھپی باتوں کو جانتا ہے۔ وہ تو دلوں تک کی باتوں کو جانتا ہے۔

۶. اور زمین پر کوئی چلنے پھرنے والا نہیں مگر اس کا رزق اللہ کے ذمے ہے۔ وہ اس کے ٹھہرنے کی جگہ کو بھی جانتا ہے اور اس کے لوٹنے (دفن ہونے) کی جگہ کو بھی، یہ سب کچھ کتاب روشن میں لکھا ہوا ہے۔

۷. اور وہی تو ہے جس نے آسمانوں اور زمین کو چھ دن میں بنایا، اور اس وقت اس کا عرش پانی پر تھا۔ تمہارے پیدا کرنے سے مقصود یہ ہے کہ وہ تم کو آزمائے کہ تم میں عمل کے لحاظ سے کون بہتر ہے اور اگر تم کہو کہ تم لوگ موت کے بعد زندہ کر کے اٹھائے جاؤ گے تو کافر کہہ دیں گے یہ تو کھلا جادو ہے۔

۸. اور اگر ایک معین مدت تک ہم ان سے عذاب مؤخر کر دیں تو کہیں گے کون سی چیز عذاب کو روکے ہوئے ہے؟ دیکھو جس دن وہ آئے گا پھر ٹلے گا نہیں۔ اور جس چیز کا یہ مذاق اڑایا کرتے ہیں وہ ان کو گھیر لے گی

۹. اور اگر ہم انسان کو اپنے پاس سے نعمت بخشیں، پھر اس سے اس کو چھین لیں تو ناامید، ناشکرا ہو جاتا ہے۔

۱۰. اور اگر تکلیف پہنچنے کے بعد آسائش پہنچائیں تو خوش ہو کر کہتا ہے آہا مجھ سے سب مصیبتیں دور ہو گئیں بیشک وہ خوش ہونے والا اور فخر کرنے والا ہے۔

۱۱. ہاں! جنہوں نے صبر کیا اور نیک عمل کیے انہی کے لیے بخشش اور اجر عظیم ہے۔

۱۲۔ شاید آپ کچھ چیز وحی میں سے جو آپ کے پاس آتی ہے چھوڑ دیں اور اس خیال سے آپ کا دل تنگ ہو کہ کافر یہ کہنے لگیں کہ اس پر کوئی خزانہ کیوں نہیں نازل ہوا یا اس کے ساتھ کوئی فرشتہ کیوں نہیں آیا؟ (اے نبیﷺ!) آپ تو صرف نصیحت کرنے والے ہیں، اور اللہ تو ہر چیز کا نگہبان ہے۔

۱۳۔ یہ کیا کہتے ہیں کہ اس نے قرآن خود ہی بنا لیا ہے۔ کہہ دو کہ اگر سچے ہو تو تم بھی ایسی دس سورتیں بنا لاؤ اور اللہ کے سوا جس کو بلا سکتے ہو بلا لو۔

۱۴۔ اگر وہ تمہاری بات قبول نہ کریں تو جان لو کہ وہ اللہ کے علم سے اترا ہے اور یہ کہ اس کے سوا کوئی معبود نہیں تو کیا تم تسلیم کرتے ہو۔

۱۵۔ جو لوگ دنیا کی زندگی اور اس کی زیب و زینت کے طالب ہوں ہم ان کے اعمال کا بدلہ دنیا ہی میں دے دیتے ہیں اور اس میں ان کی حق تلفی نہیں کی جاتی۔

۱۶۔ یہ وہ لوگ ہیں جن کے لیے آخرت میں جہنم کی آگ کے سوا اور کچھ نہیں اور جو عمل انہوں نے دنیا میں کیے برباد اور جو کچھ وہ کرتے رہے ہیں سب ضائع ہوا۔

۱۷۔ بھلا جو شخص اپنے رب کی طرف سے دلیل روشن رکھتا ہو اور اس کے ساتھ ایک گواہ بھی اس کی طرف سے ہو جو وہی پڑھ کر سنائے اور اس سے پہلے موسیٰ کی کتاب ہو جو پیشوا اور رحمت ہے، (تو کیا وہ قرآن پر ایمان نہیں لائیں گے؟) یہی لوگ تو اس پر ایمان لاتے ہیں اور جو کوئی اور فرقوں میں سے اس سے منکر ہو تو اس کا ٹھکانا آگ ہے، تو تم اس قرآن

سے شک میں نہ ہونا۔ یہ تمہارے رب کی طرف سے حق ہے مگر اکثر لوگ ایمان نہیں لاتے۔

۱۸. اوراس سے بڑھ کر ظالم کون ہوگا جو اللہ پر جھوٹ بہتان باندھے؟ ایسے لوگ اللہ کے سامنے پیش کیے جائیں گے، اور گواہ کہیں گے کہ یہی لوگ ہیں جنھوں نے اپنے رب کے بارے میں جھوٹ بولا تھا۔ سن لو کہ ظالموں پر اللہ کی لعنت ہے۔

۱۹. جو اللہ کے راستے سے روکتے اور اس میں کجروی (ٹیڑھ) چاہتے ہیں اور وہ آخرت سے بھی انکار کرتے ہیں۔

۲۰. یہ لوگ زمین میں کہیں بھاگ کر اللہ کو ہرا نہیں سکتے، اور نہ ہی اللہ کے سوا ان کا کوئی حمایتی ہے۔ (اے پیغمبر صلی اللہ علیہ وآلہ وسلم!) ان کو دگنا عذاب دیا جائے گا کیونکہ (حق بات) نہیں سن سکتے تھے اور نہ دیکھ سکتے تھے۔

۲۱. یہی ہیں جنھوں نے اپنے آپ کو خسارے میں ڈالا، اور جو کچھ وہ افترا کیا کرتے تھے ان سے جاتا رہا۔

۲۲. بلاشبہ یہ لوگ آخرت میں سب سے زیادہ نقصان پانے والے ہیں۔

۲۳. جو لوگ ایمان لائے اور نیک عمل کیے، اور اپنے رب کے آگے عاجزی کی، یہی جنت کے مالک ہیں، ہمیشہ اس میں رہیں گے۔

۲۴. ان دونوں فریقوں کی مثال ایسی ہے جیسے ایک دیکھنے والا ہو اور دوسرا سننے والا، دونوں فریقوں کا حال برابر کیسے ہو سکتا ہے؟ پھر تم غور کیوں نہیں کرتے

۲۵. اور ہم نے نوحؑ کو ان کی قوم کی طرف بھیجا (تو) انہوں نے (ان سے) کہا کہ میں تم کو کھول کھول کر ڈر سنانے (اور یہ پیغام پہچانے) آیا ہوں۔

۲۶. کہ اللہ کے سوا کسی کی عبادت نہ کرو، مجھے تمہاری نسبت دردناک عذاب کا ڈر ہے۔

۲۷. تو ان کی قوم کے کافر سردار کہنے لگے کہ ہم تم کو اپنے ہی جیسا ایک انسان دیکھتے ہیں اور تمہارے ماننے والے وہی لوگ ہیں جو ہم میں ادنیٰ درجے کے ہیں بلا تامل اور ہم تم میں اپنے اوپر کوئی فضلیت نہیں دیکھتے بلکہ ہمارا خیال ہے کہ تم سب جھوٹے ہو۔

۲۸. انہوں نے کہا اے قوم! دیکھو تو اگر میں اپنے رب کی طرف سے روشن دلیل رکھتا ہوں اور اس نے مجھے اپنے پاس سے رحمت بخشی ہو جس کی حقیقت تم سے پوشیدہ رکھی گئی ہے۔ تو کیا ہم اس کے لیے تمہیں مجبور کر سکتے ہیں اور تم ہو کہ اس سے ناخوش ہو رہے ہو۔

۲۹. اور اے قوم! میں اس نصیحت کے بدلے تم سے مال و زر نہیں مانگ رہا میرا صلہ تو اللہ کے ذمہ ہے اور جو لوگ ایمان لائے ہیں میں ان کو نکالنے والا بھی نہیں ہوں، وہ تو اپنے رب سے ملنے والے ہیں لیکن میں دیکھتا ہوں کہ تم لوگ نادانی کر رہے ہو۔

۳۰۔   اور اے قوم! میں ان کو نکال دوں تو اللہ کے عذاب سے مجھے کون چھڑا سکے گا، بھلا تم غور کیوں نہیں کرتے؟

۳۱۔   میں نہ تم سے یہ کہتا ہوں کہ میرے پاس اللہ کے خزانے ہیں اور نہ یہ کہ میں غیب کا علم رکھتا ہوں اور نہ میں یہ کہتا ہوں کہ میں فرشتہ ہوں اور نہ ہی ان لوگوں کے لیے جن کو تم حقارت کی نظر سے دیکھتے ہو یہ کہتا ہوں کہ اللہ ان کو بھلائی نہ دے گا۔ جو ان کے دلوں میں ہے اللہ اسے خوب جانتا ہے۔ اگر میں ایسا کہوں تو بے انصافوں میں ہوں

۳۲۔   انہوں نے کہا کہ نوحؑ تم نے ہم سے جھگڑا کیا اور بہت جھگڑا کیا، لیکن اگر سچے ہو تو جس چیز سے ہمیں ڈراتے ہو وہ لا نازل کرو۔

۳۳۔   نوحؑ نے کہا کہ اس کو تو اللہ ہی چاہے گا تو نازل کرے گا اور تم اس کو کسی طرح ہرا نہیں سکتے۔

۳۴۔   اور اگر میں یہ چاہوں کہ تمہاری خیر خواہی کروں اور اللہ یہ چاہے کہ تمہیں گمراہ کرے تو میری خیر خواہی تمہیں کچھ فائدہ نہیں دے سکتی، وہی تمہارا رب ہے اور تمہیں اسی کے پاس لوٹ کر جانا ہے۔

۳۵۔   کیا یہ کہتے ہیں کہ اس پیغمبر نے قرآن اپنے دل سے بنا لیا ہے فرما دیں کہ اگر میں نے اسے گھڑ لیا ہے تو میرے گناہ کا وبال مجھ پر ہے اور جو گناہ تم کرتے ہو میں اس سے بری الذمہ ہوں۔

۳۶.   اور نوحؑ کی طرف وحی کی گئی کہ تمہاری قوم میں جو لوگ ایمان لا چکے ان کے سوا اور کوئی ایمان نہیں لائے گا۔ تو جو کام یہ کر رہے ہیں ان کی وجہ سے غم نہ کھاؤ۔

۳۷.   اور ایک کشتی ہمارے حکم سے ہمارے سامنے بناؤ، اور جو لوگ ظالم ہیں ان کے بارے میں ہمیں کچھ نہ کہنا، کیونکہ وہ ضرور غرق کر دیے جائیں گے۔

۳۸.   تو نوحؑ نے کشتی بنانی شروع کر دی تو جب ان کی قوم کے سرداران کے پاس سے گزرتے تو ان کا مذاق اڑاتے۔ وہ کہتے کہ اگر تم ہمارا مذاق اڑاتے ہو تو جس طرح تم ہمارا مذاق اڑاتے ہو ہم بھی اسی طرح کسی وقت تمہارا مذاق اڑائیں گے۔

۳۹.   اور تمہیں جلد معلوم ہو جائے گا کہ کس پر عذاب آتا ہے جو اسے رسوا کرے گا اور کس پر ہمیشہ کا عذاب نازل ہوتا ہے؟

۴۰.   یہاں تک کہ جب ہمارا حکم آ پہنچا تو تنور جوش مارنے لگا۔ تو ہم نے نوحؑ کو حکم دیا کہ ہر قسم کے جانداروں میں سے جوڑا جوڑا (ایک ایک نر اور ایک ایک مادہ) لے لو اور جس شخص کے لیے حکم ہو چکا ہے کہ ہلاک ہو جائے گا اس کو چھوڑ کر اپنے گھر والوں کو اور جو ایمان لایا ہو، اس کو کشتی میں سوار کر لو اور ان کے ساتھ ایمان بہت تھوڑے لوگ لائے تھے۔

۴۱.   نوحؑ نے کہا کہ اللہ کا نام لے کر اسی کے ہاتھ میں اس کا چلنا اور ٹھہرنا ہے اس میں سوار ہو جاؤ بیشک میرا رب بخشنے والا مہربان ہے۔

۴۲. اور وہ ان کو لے کر طوفان کی لہروں میں چلنے لگی۔ لہریں کیا تھیں گویا پہاڑ تھے۔ اس وقت نوحؑ نے اپنے بیٹے کو جو کشتی سے الگ تھا پکارا کہ بیٹے ہمارے ساتھ سوار ہو جاؤ اور کافروں میں شامل نہ ہو۔

۴۳. اس نے کہا کہ میں ابھی پہاڑ سے جا لگوں گا وہ مجھے پانی سے بچا لے گا۔ انہوں نے کہا کہ آج اللہ کے عذاب سے کوئی بچانے والا نہیں اور نہ کوئی بچ سکتا ہے مگر جس پر اللہ رحم کرے، اتنے میں دونوں کے درمیان لہر حائل ہو گئی اور وہ ڈوب کر رہ گیا۔

۴۴. اور حکم دیا گیا کہ اے زمین! اپنا پانی نگل جا اور اے آسمان! تھم جا۔ تو پانی خشک ہو گیا اور کام تمام کر دیا گیا۔ اور کشتی کوہ جودی پر جا ٹھہری اور کہہ دیا گیا کہ ظالم لوگ اللہ کی رحمت سے دور رہیں۔

۴۵. اور نوحؑ نے اپنے رب کو پکارا اور کہا کہ اے پروردگار! میرا بیٹا بھی میرے گھر والوں میں سے ہے تو اس کو بھی نجات دے تیرا وعدہ سچا ہے اور تو سب سے بہتر حاکم ہے۔

۴۶. اللہ نے فرمایا کہ اے نوح! وہ تیرے گھر والوں میں سے نہیں ہے اس کے اعمال اچھے نہیں تو مجھ سے مت سوال کر جس کا تمہیں علم نہیں اور میں تمہیں نصیحت کرتا ہوں کہ نہ ہو جانا نادانوں میں سے

۴۷.	نوحؑ نے کہا : باری تعالیٰ میں تجھ سے پناہ مانگتا ہوں کہ ایسی بات کا تجھ سے سوال کروں جس کی حقیقت مجھے معلوم نہیں اور اگر تو مجھے نہیں بخشے گا اور مجھ پر رحم نہیں کرے گا تو میں خسارہ پانے والوں میں سے ہو جاؤں گا۔

۴۸.	حکم ہوا کہ نوحؑ ہماری طرف سے سلامتی اور برکتوں کے ساتھ جو تم پر اور تمہارے ساتھ کی جماعتوں پر کی گئی ہیں اتر آؤ۔ کچھ اور جماعتیں ہوں گی جن کو ہم دنیا کے فوائد سے محظوظ کریں گے، پھر ان کو ہماری طرف سے دردناک عذاب پہنچے گا

۴۹.	(اے نبی!) یہ حالات غیب کی خبروں کے ہیں جو ہم تمہاری طرف وحی کرتے ہیں اور اس سے پہلے نہ آپ ان کو جانتے تھے اور نہ آپ کی قوم ہی ان سے واقف تھی تو صبر کیجیے کہ انجام پرہیز گاروں کا ہی بھلا ہے۔

۵۰.	اور ہم نے عاد کی طرف ان کے بھائی ہودؑ کو بھیجا انہوں نے کہا کہ میری قوم! اللہ کی ہی عبادت کرو اس کے سوا کوئی تمہارا معبود نہیں تم (شرک کرکے) اللہ پر صرف بہتان باندھتے ہو۔

۵۱.	میری قوم! میں (اس وعظ و نصیحت کا) تم سے کچھ صلہ نہیں مانگتا، میرا صلہ تو اس کے ذمے ہے جس نے مجھے پیدا کیا۔ بھلا تم سمجھتے کیوں نہیں۔

۵۲. اور اے قوم! اپنے رب سے بخشش مانگو پھر اس کے آگے توبہ کرو، وہ آسمان سے تم پر موسلادھار مینہ برسائے گا اور تمہاری طاقت پر طاقت بڑھائے گا اور دیکھو گنہگار بن کر روگردانی نہ کرو۔

۵۳. وہ بولے اے ہودؑ! تم ہمارے پاس کوئی ظاہر دلیل نہیں لائے اور ہم صرف تمہارے کہنے سے نہ اپنے معبودوں کو چھوڑنے والے ہیں اور نہ تم پر ایمان لانے والے ہیں۔

۵۴. ہم تو یہ سمجھتے ہیں کہ ہمارے کسی معبود نے تم پر آسیب ڈال کر دیوانہ کر دیا ہے۔ انہوں نے کہا کہ میں اللہ کو گواہ بناتا ہوں اور تم بھی گواہ رہو کہ جن کو تم اللہ کا شریک بناتے ہو، میں اس سے بیزار ہوں، (جن کی) اللہ کے سوا عبادت کرتے ہو

۵۵. تو تم سب مل کر میرے بارے میں جو تدبیر کرنی چاہو کر لو اور مجھے مہلت نہ دو۔

۵۶. میں اللہ پر جو میرا اور تم سب کا رب ہے بھروسہ رکھتا ہوں، زمین پر جو چلنے پھرنے والا ہے وہ اس کی چوٹی سے پکڑے ہوئے ہے بیشک میرا رب سیدھے رستے پر ہے۔

۵۷. اگر تم روگردانی کرو گے تو جو پیغام مجھے دے کر تمہاری طرف بھیجا گیا ہے، وہ میں نے تمہیں پہنچا دیا ہے، اور میرا رب تمہاری جگہ اور لوگوں کو لا بسائے گا، اور تم اللہ تعالیٰ کا کچھ بھی نقصان نہیں کر سکتے، میرا رب تو ہر چیز پر نگہبان ہے۔

۵۸۔ اور جب ہمارے عذاب کا حکم آپہنچا تو ہم نے ہودؑ کو اور جو لوگ ان کے ساتھ ایمان لائے تھے، ان کو اپنی مہربانی سے بچالیا اور انہیں شدید عذاب سے بچالیا۔

۵۹۔ یہ وہی عاد ہیں جنہوں نے اپنے رب کی نشانیوں سے انکار کیا اور اس کے پیغمبروں کی نافرمانی کی اور ہر سرکش اور مغرور کا کہا مانا۔

۶۰۔ تو اس دنیا میں بھی لعنت ان کے پیچھے لگی رہی اور قیامت کے دن بھی لگی رہے گی، (دیکھو) قوم عاد نے اپنے رب سے کفر کیا اور سن لو ہودؑ کی قوم عاد پر پھٹکار ہے۔

۶۱۔ اور ثمود کی طرف ان کے بھائی صالحؑ کو بھیجا تو انہوں نے کہا کہ قوم! اللہ ہی کی عبادت کرو اس کے سوا تمہارا کوئی معبود نہیں، اسی نے تم کو زمین سے پیدا کیا، اور اس میں آباد کیا تو اس سے مغفرت مانگو اور اس سے توبہ کرو، بیشک میرا رب نزدیک بھی ہے اور دعا کا قبول کرنے والا بھی ہے۔

۶۲۔ انہوں نے کہا صالحؑ! اس سے پہلے ہم تم سے کئی طرح کی امیدیں رکھتے تھے۔ (اب وہ ختم ہو گئیں) کیا تم ہمیں ان چیزوں سے منع کرتے ہو جن کو ہمارے بزرگ پوجتے آئے ہیں؟ اور جس بات کی طرف تم ہمیں بلاتے ہو اس میں ہمیں پوری طرح شبہ ہے۔

۶۳۔ صالحؑ نے کہا قوم! بھلا دیکھو تو اگر میں اپنے رب کی طرف سے کھلی دلیل پر ہوں اور اس نے مجھے اپنے پاس سے رحمت (نبوت) بخشی ہو اور اگر میں نافرمانی کروں تو اس کے سامنے میری کون مدد کرے گا؟ تم میرے نقصان میں اضافہ کرتے ہو۔

۶۴. اور یہ بھی کہا کہ اے قوم! یہ اللہ کی اونٹنی تمہارے لیے ایک نشانی (معجزہ) ہے۔ تو اس کو چھوڑ دو کہ اللہ کی زمین میں جہاں چاہے چرے اور اس کو کسی طرح کی تکلیف نہ دینا ورنہ تمہیں جلد عذاب آ پکڑے گا۔

۶۵. مگر انہوں نے اس کی کونچیں کاٹ ڈالیں۔ تو صالحؑ نے کہا کہ اپنے گھروں میں تین دن اور فائدے اٹھا لو۔ یہ وعدہ ہے کہ جھوٹا نہ ہوگا۔

۶۶. جب ہمارا حکم آگیا تو ہم نے صالحؑ کو اور جو لوگ ان کے ساتھ ایمان لائے تھے، ان کو اپنی مہربانی سے بچا لیا اور اس دن کی رسوائی سے محفوظ رکھا، بیشک آپ کا رب طاقتور اور زبردست ہے۔

۶۷. اور جن لوگوں نے ظلم کیا تھا ان کو چنگھاڑ کی صورت میں عذاب نے آ پکڑا تو وہ اپنے گھروں میں اوندھے پڑے رہ گئے۔

۶۸. گویا کبھی ان میں بسے ہی نہ تھے۔ سن لو کہ ثمود نے اپنے رب سے کفر کیا، سنو ثمود پر پھٹکار ہے۔

۶۹. اور ہمارے فرشتے ابراہیمؑ کے پاس بشارت لے کر آئے تو سلام کہا۔ انہوں نے بھی جواب میں سلام کہا، ابھی کچھ دیر نہیں ہوئی تھی کہ (ابراہیمؑ ایک بھنا ہوا بچھڑا لے آئے۔

۷۰. جب دیکھا کہ ان کے ہاتھ کھانے کی طرف نہیں جاتے (وہ کھانا نہیں کھا رہے) تو ان کو اجنبی سمجھ کر دل میں خوف آیا۔ فرشتوں نے کہا خوف نہ کیجئے ہم قوم لوطؑ کی طرف ان کو ہلاک کرنے کے لیے بھیجے گئے ہیں

۷۱. اور ان (ابراہیمؑ) کی بیوی جو پاس کھڑی تھی ہنس پڑی تو ہم نے اس کو اسحاقؑ کی اور اسحاقؑ کے بعد یعقوبؑ کی خوشخبری دی۔

۷۲. اس نے کہا اے خرابی! کیا میں بچہ جنوں گی! میں تو بڑھیا ہوں اور یہ میرے میاں بھی بوڑھے ہیں۔ یہ تو بڑی عجیب بات ہے۔

۷۳. انہوں نے کہا کیا تم اللہ کی قدرت سے تعجب کرتی ہو؟ اے گھر والو! تم پر اللہ کی رحمتیں اور برکتیں ہیں بیشک اللہ باعث تعریف اور بڑائی والا ہے۔

۷۴. جب ابراہیمؑ سے خوف جاتا رہا اور ان کو خوشخبری بھی مل گئی تو وہ قوم لوطؑ کے بارے میں ہم سے بحث کرنے لگے۔

۷۵. بیشک ابراہیمؑ بڑے تحمل والے، نرم دل اور رجوع کرنے والے تھے۔

۷۶. اے ابراہیمؑ! اس بات کو جانے دو۔ تمہارے رب کا حکم آپہنچا ہے اور ان لوگوں پر عذاب آنے والا ہے۔ جو کبھی نہیں ٹلنے والا۔

۷۷. اور جب ہمارے فرشتے لوطؑ کے پاس آئے تو وہ ان کے آنے سے غم ناک اور تنگدل ہوئے اور کہنے لگے کہ آج کا دن بڑا مشکل دن ہے۔

۷۸. اور لوطؑ کی قوم کے لوگ ان کے پاس بے تحاشہ دوڑتے ہوئے آئے اور یہ لوگ پہلے سے ہی برا کام کر رہے تھے۔ لوطؑ نے کہا کہ اے میری قوم! میری بیٹیاں تمہارے لیے (جائز اور پاک) ہیں، پس اللہ سے ڈرو اور میرے مہمانوں کے پاس مجھے رسوا نہ کرو۔ کیا تم میں کوئی بھی نیک چلن نہیں؟

۷۹. وہ بولے تم کو معلوم ہے کہ تمہاری بیٹیوں کی ہمیں کوئی ضرورت نہیں اور ہماری غرض کو تم خوب جانتے ہو۔

۸۰. لوطؑ نے کہا، اے کاش! مجھ میں تمہارے مقابلے کی طاقت ہوتی یا کسی مضبوط قلعہ میں جا بیٹھتا۔

۸۱. فرشتوں نے کہا کہ اے لوطؑ! ہم تمہارے رب کے فرشتے ہیں یہ لوگ ہرگز تم تک نہیں پہنچ سکیں گے، تو کچھ رات سے اپنے گھر والوں کو لے کر چل نکلو اور تم میں سے کوئی بھی پیچھے مڑ کر نہ دیکھے مگر آپ کی بیوی کو وہ آفت پہنچ کر رہے گی جو ان کو پہنچنے والی ہے ان کے عذاب کے وعدے کا وقت صبح ہے اور کیا صبح کچھ دور ہے؟

۸۲. تو جب ہمارا حکم آیا ہم نے اس بستی کو الٹ کر اوپر نیچے کر دیا اور ان پر پتھر کی تہہ بہ تہہ کنکریاں برسائیں۔

۸۳. جن پر تمہارے رب کی طرف سے نشان کیے ہوئے تھے اور وہ بستی ان ظالموں سے کچھ دور نہیں۔

۸۴۔ اور مدین کی طرف ان کے بھائی شعیبؑ کو بھیجا تو انہوں نے کہا کہ اے قوم! اللہ کی ہی عبادت کرو اور اس کے سوا تمہارا کوئی معبود نہیں۔ ماپ تول میں کمی نہ کیا کرو۔ میں تو دیکھتا ہوں تم خوش حال ہو۔ اور اگر تم ایمان نہ لاؤ گے تو مجھے تمہارے بارے میں ایک ایسے دن کے عذاب کا خوف ہے جو تمہیں گھیر کر رہے گا

۸۵۔ اور اے قوم! ماپ تول انصاف سے کیا کرو اور لوگوں کو ان کی چیزیں کم نہ دیا کرو۔ اور زمین میں فساد نہ مچاؤ۔

۸۶۔ اگر تمہیں میرے کہنے کا یقین ہو تو اللہ کا دیا ہوا منافع ہی تمہارے لیے بہتر ہے اور میں تمہارا نگہبان نہیں ہوں۔

۸۷۔ انہوں نے کہا اے شعیبؑ! کیا تمہاری نماز تمہیں یہ سکھاتی ہے کہ جن کو ہمارے باپ دادا پوجتے آئے ہیں ہم ان کو چھوڑ دیں؟ یا جو کچھ ہم اپنے مال میں کرنا چاہتے ہیں کرنا چھوڑ دیں۔ تم تو بڑے نرم دل اور راست باز ہو۔

۸۸۔ انہوں نے کہا کہ اے قوم! دیکھو تو اگر میں اپنے رب کی طرف سے دلیل روشن پر ہوں اور اس نے اپنے پاس سے مجھے نیک روزی دی ہو تو کیا میں ان کے خلاف کروں گا؟ اور میں نہیں چاہتا کہ جس بات سے میں تمہیں منع کروں خود وہی کرنے لگوں۔ میں تو جہاں تک ہو سکے تمہارے معاملات کی اصلاح چاہتا ہوں اور اس بارے میں مجھے توفیق ملنا اللہ کے فضل سے ہی ہے۔ میں اسی پر بھروسہ رکھتا ہوں اور اسی کی طرف رجوع کرتا ہوں۔

۸۹۔ اور اے قوم! اور میری مخالفت تم سے کوئی ایسا کام نہ کروا دے کہ جیسی مصیبت نوحؑ کی قوم ہو دؑ اور صالحؑ کی قوم پر واقع ہوئی تھی ویسی مصیبت تم پر واقع ہو اور لوطؑ کی قوم کا زمانہ تو تم سے کچھ دور نہیں ۔

۹۰۔ اپنے رب سے بخشش مانگو اور اس کے آگے توبہ کرو، بیشک میرا رب رحم والا اور محبت والا ہے ۔

۹۱۔ انہوں نے کہا کہ شعیبؑ! تمہاری بہت سی باتیں ہماری سمجھ میں نہیں آتیں اور ہم دیکھتے ہیں تم ہم میں کمزور بھی ہو، اور اگر تمہارے بھائی نہ ہوتے تو ہم تمہیں سنگسار کر دیتے اور تم ہم پر کسی طرح بھی غالب نہیں ہو۔

۹۲۔ انہوں نے کہا کہ قوم! کیا میرے بھائی بندوں کا دباؤ تم پر اللہ سے زیادہ ہے؟ اور اس کو تم نے پیٹھ پیچھے ڈال رکھا ہے ۔ میرا رب تو تمہارے سب اعمال کا احاطہ کیے ہوئے ہے

۹۳۔ اور اے میری قوم! تم اپنی جگہ کام کیے جاؤ میں اپنی جگہ کام کیے جاتا ہوں تمہیں عنقریب معلوم ہو جائے گا کہ رسوا کرنے والا عذاب کس پر آتا ہے اور جھوٹا کون ہے؟ تم بھی انتظار کرو میں بھی تمہارے ساتھ انتظار کرتا ہوں ۔

۹۴.	اور جب ہمارا حکم آ پہنچا تو ہم نے شعیبؑ کو اور جو ان کے ساتھ ایمان لائے تھے ان کو اپنی رحمت سے بچا لیا اور جو ظالم تھے ان کو ایک چنگھاڑ نے آ دبوچا تو وہ اپنے گھروں میں اوندھے پڑے رہ گئے۔

۹۵.	گویا ان میں کبھی بسے ہی نہ تھے۔ سن لو کہ مدین پر ایسی ہی پھٹکار ہے جیسی ثمود پر پھٹکار تھی۔

۹۶.	اور ہم نے موسیٰ کو اپنی نشانیاں اور دلیل روشن دے کر بھیجا۔

۹۷.	فرعون اور اس کے سرداروں کی طرف تو وہ فرعون ہی کے حکم پر چلے اور فرعون کا حکم درست نہ تھا

۹۸.	وہ قیامت والے دن اپنی قوم کے آگے آگے چلے گا اور ان کو دوزخ میں جا اتارے گا اور جس مقام پر وہ اتارے جائیں گے وہ برا ہے۔

۹۹.	اور اس جہان میں بھی ان کے پیچھے لعنت لگا دی گئی ہے اور قیامت کے دن بھی لگی رہے گی جو انعام ان کو ملے گا برا ہے۔

۱۰۰.	یہ بستیوں کی کچھ کہانیاں ہیں جو ہم آپ کو سنا رہے ہیں۔ ان میں سے کچھ تو قائم ہیں اور کچھ مٹ مٹا گئیں۔

۱۰۱.	اور ہم نے ان پر کوئی ظلم نہیں کیا، بلکہ انہوں نے خود اپنے اوپر ظلم کیا کیونکہ ان کے وہ الٰہ (معبود) جن کو وہ اللہ کے سوا پکارتے تھے، جب آپ کے رب کا عذاب آیا تو ان کے کچھ بھی کام نہ آئے اور انہوں نے ان کی بربادی کے سوا اور کسی چیز میں اضافہ نہیں کیا۔

۱۰۲.	اور آپ کے رب کی پکڑ، جب کہ وہ بستیوں کو ان کے ظلم میں پکڑتا ہے، اسی طرح ہوتی ہے، بیشک اس کی پکڑ بڑی سخت اور دردناک ہے۔

۱۰۳.	اس میں ان لوگوں کے لیے بڑی نشانی ہے جو آخرت کے عذاب سے ڈریں۔ وہ ایک دن ہے جس میں سب لوگ جمع ہوں گے اور وہ سب کے پیش ہونے کا دن ہے۔

۱۰۴.	اور اس میں جو ہم دیر کرتے ہیں تو وہ ایک وقت معین تک تاخیر کرتے ہیں۔

۱۰۵.	جس دن وہ آجائے گا تو کوئی جاندار اللہ کے حکم کے بغیر بول بھی نہ سکے گا۔ پھر ان میں سے کچھ بد بخت ہوں گے اور کچھ نیک بخت۔

۱۰۶.	تو جو بد بخت ہوں گے وہ دوزخ میں ڈال دیے جائیں گے اس میں ان کا چلانا اور دہاڑنا ہوگا۔

۱۰۷.	اور جب تک آسمان اور زمین ہیں اسی میں رہیں گے مگر جتنا تمہارا رب چاہے بیشک تمہارا رب جو چاہتا ہے کر دیتا ہے۔

۱۰۸.	اور جو نیک بخت ہوں گے وہ بہشت میں داخل کر دیے جائیں گے اور جب تک آسمان اور زمین ہیں ہمیشہ اسی میں رہیں گے مگر جتنا تمہارا رب چاہے۔

۱۰۹. یہ اللہ کی بخشش ہے جو کبھی ختم نہیں ہوگی۔ تو یہ لوگ جو غیر اللہ کی پرستش کرتے ہیں اس سے تم شک میں نہ پڑنا یہ اسی طرح پوجا کرتے ہیں جس طرح ان کے باپ دادا پرستش کرتے آئے ہیں اور ہم ان کو ان کا پورا پورا حصہ بلا کم و کاست دینے والے ہیں۔

۱۱۰. اور ہم نے موسیٰ کو کتاب دی تو اس میں اختلاف کیا گیا۔ اور اگر آپ کے رب کی طرف سے ایک بات پہلے نہ ہو چکی ہوتی تو ان میں فیصلہ کر دیا جاتا، اور وہ تو اس سے بڑے شبہہ میں پڑے ہوئے ہیں۔

۱۱۱. اور آپ کا رب ان سب کو قیامت کے دن ان کے اعمال کا پورا پورا بدلہ دے گا۔ بیشک جو عمل یہ کرتے ہیں وہ اس سے واقف ہے۔

۱۱۲. سو (اے پیغمبر ﷺ!) جیسا تم کو حکم ہوتا ہے اس پر تم اور جو لوگ تمہارے ساتھ تائب ہوئے ہیں قائم رہو اور حد سے نہ بڑھنا، وہ تمہارے سب اعمال کو دیکھ رہا ہے۔

۱۱۳. اور جو لوگ ظالم ہیں ان کی طرف مائل نہ ہونا ورنہ دوزخ کی آگ تمہیں آ لپیٹے گی اور اللہ کے سوا تمہارے اور دوست نہیں ہیں، اگر تم ظالموں کی طرف مائل ہو گئے تو پھر تم کو کہیں سے مدد نہ مل سکے گی۔

۱۱۴. اور دن کے دونوں سروں یعنی صبح اور شام کے اوقات میں اور رات کی چند پہلی گھڑیوں میں نماز پڑھا کرو۔ کچھ شک نہیں کہ نیکیاں گناہوں کو دور کر دیتی ہیں، یہ ان کے لیے نصیحت ہے جو نصیحت قبول کرنے والے ہیں۔

١١٥. اور صبر کیے رہو کہ اللہ نیکو کاروں کا اجر ضائع نہیں کرتا۔

١١٦. تو جو امتیں تم سے پہلے گزر چکی ہیں ان میں سے ایسے ہوش مند کیوں نہ ہوئے جو ملک میں خرابی کرنے سے روکتے، ہاں ایسے تھوڑے سے تھے جن کو ہم نے ان میں سے نجات بخشی اور جو ظالم تھے وہ انہی باتوں کے پیچھے لگ رہے جن میں عیش و آرام تھا اور وہ گناہوں میں ڈوبے ہوئے تھے۔

١١٧. اور آپ کا رب ایسا نہیں ہے کہ بستیوں کو جبکہ وہاں کے لوگ نیکو کار ہوں ظلم سے تباہ کر دے۔

١١٨. اور اگر تمہارا رب چاہتا تو تمام لوگوں کو ایک ہی جماعت کر دیتا مگر وہ ہمیشہ اختلاف کرتے رہیں گے۔

١١٩. مگر جن پر آپ کا رب رحم کرے اور اسی لیے اس نے ان کو پیدا کیا ہے اور آپ کے رب کا قول پورا ہو گیا کہ میں دوزخ کو جنوں اور انسانوں سب سے بھر دوں گا۔

١٢٠. (اے نبی ﷺ!) اور پیغمبروں کے وہ سب حالات جو ہم آپ سے بیان کرتے ہیں، ان سے ہم آپ کے دل کو تسلی دیتے ہیں اور ان قصوں میں آپ کے پاس حق پہنچ گیا اور یہ مومنوں کے لیے نصیحت اور عبرت ہے۔

١٢١. اور جو لوگ ایمان نہیں لائے ان سے کہہ دو کہ تم اپنی جگہ عمل کیے جاؤ ہم (اپنی جگہ) عمل کیے جاتے ہیں

۱۲۲۔ اور اعمال کے نتیجہ کا آپ بھی انتظار کرو ہم بھی انتظار کرتے ہیں۔

۱۲۳۔ آسمان اور زمین کی چھپی چیزوں کا علم اللہ ہی کو ہے اور سب کاموں کا انجام اسی کی طرف ہے، تو اسی کی عبادت کرو، اسی پر بھروسہ رکھو اور جو کچھ تم کر رہے ہو آپ کا رب اس سے بیخبر نہیں۔

۱۲۔ سورۃ یوسف

۱. الرٰا۔ یہ کتاب روشن کی آیتیں ہیں۔

۲. ہم نے اس قرآن کو عربی میں نازل کیا ہے تاکہ تم سمجھ سکو۔

۳. (اے پیغمبر ﷺ!) ہم اس قرآن کے ذریعے سے جو ہم نے آپ کی طرف بھیجا ہے آپ کو ایک نہایت اچھا بیان سناتے ہیں اور آپ یقیناً اس سے پہلے بےخبر تھے۔

۴. جب یوسفؑ نے اپنے والد سے کہا اے ابا جان! میں نے خواب میں گیارہ ستاروں، سورج اور چاند کو دیکھا ہے۔ دیکھتا ہوں کہ وہ مجھے سجدہ کر رہے ہیں۔

۵. انہوں نے کہا کہ بیٹا! اپنے خواب کا ذکر اپنے بھائیوں سے نہ کرنا ورنہ وہ تمہارے حق میں کوئی بری چال چلیں گے (نقصان پہنچائیں گے) یقیناً شیطان انسان کا کھلا دشمن ہے۔

۶. اور اسی طرح اللہ تمہیں برگزیدہ اور ممتاز کرے گا، اور خوابوں کی تعبیر کا علم سکھائے گا اور جس طرح اس نے اپنی نعمت پہلے تمہارے دادا پردادا ابراہیمؑ اور اسحاقؑ پر

پوری کی تھی اسی طرح تم پر اور اولاد یعقوبؑ پر پوری کرے گا، بیشک تمہارا رب سب کچھ جاننے والا اور حکمت والا ہے

۷. یوسفؑ اور اس کے بھائیوں کے قصہ میں پوچھنے والوں کے لیے بڑی نشانیاں ہیں۔

۸. جب انہوں نے آپس میں تذکرہ کیا کہ یوسفؑ اور اس کا بھائی باپ کو ہم سے زیادہ پیارے ہیں، حالانکہ ہم قوت والے ہیں (زیادہ ہیں) کچھ شک نہیں کہ باپ صریح غلطی پر ہیں۔

۹. تو یوسفؑ کو یا تو جان سے مار ڈالو یا کسی ملک میں پھینک آؤ۔ پھر باپ کی توجہ صرف تمہاری طرف رہے گی۔ اور پھر تم اچھی حالت میں ہو جاؤ گے۔

۱۰. ان میں سے ایک کہنے والے نے کہا کہ یوسفؑ کو جان سے نہ مارو، کسی گہرے کنوئیں میں ڈال دو کہ کوئی راہگیر نکال کر اور ملک میں لے جائے گا۔ اگر تم کو کرنا ہے تو یوں کرو۔

۱۱. (یہ مشورہ کر کے وہ یعقوبؑ کو) کہنے لگے کہ ابا جان! کیا وجہ ہے کہ آپ یوسفؑ کے بارے میں ہمارا اعتبار نہیں کرتے؟ حالانکہ ہم اس کے خیر خواہ ہیں۔

۱۲. کل اسے ہمارے ساتھ بھیج دیجئے کہ خوب میوے کھائے اور کھیلے کودے ہم اس کے نگہبان ہیں۔

۱۳۔ انہوں نے کہا کہ یہ خیال مجھے پریشان کر دیتا ہے کہ تم اسے لے جاؤ (وہ مجھ سے جدا ہو جائے۔) اور مجھے یہ خوف بھی ہے کہ تم کھیل میں اس سے غافل ہو جاؤ اور اسے بھیڑیا کھا جائے۔

۱۴۔ وہ کہنے لگے کہ اگر ہماری موجودگی میں کہ ہم ایک مضبوط جماعت ہیں اسے بھیڑیا کھا گیا تو ہم بڑے نقصان میں پڑ گئے۔

۱۵۔ غرض جب وہ اس کو لے گئے اور اس بات پر اتفاق کر لیا کہ اس کو گہرے کنوئیں میں ڈال دیں تو ہم نے یوسفؑ کی طرف وحی بھیجی کہ ایک وقت ایسا آئے گا کہ تم ان کے سلوک سے ان کو آگاہ کرو گے اور ان کو اس کی کچھ خبر نہ ہوگی۔

۱۶۔ (یہ حرکت کر کے) وہ رات کے وقت باپ کے پاس روتے ہوئے آئے۔

۱۷۔ اور کہنے لگے کہ ابا جان! ہم تو دوڑنے اور ایک دوسرے سے آگے نکلنے میں مصروف ہو گئے اور یوسفؑ کو اپنے سامان کے پاس چھوڑ گئے تو اسے بھیڑیا کھا گیا اور اگرچہ ہم سچ ہی کہتے ہیں آپ ہماری بات کا یقین نہیں کریں گے۔

۱۸۔ اور ان کی قمیض پر جھوٹ موٹ کا خون بھی لگا لائے۔ یعقوبؑ نے کہا (کہ اصل میں ایسا نہیں ہے،) بلکہ تم اپنے دل سے یہ بات بنا لائے ہو۔ اچھا صبر ہی اچھا ہے اور جو تم بیان کرتے ہو، اس کے بارے میں اللہ کی ہی مدد درکار ہے۔

۱۹. (اب اللہ کی شان دیکھو کہ) اس کنویں کے قریب ایک قافلہ آپہنچا اور انہوں نے پانی کے لیے اپنا سقہ بھیجا، اس نے کنویں میں اپنا ڈول ڈالا (تو یوسفؑ اس سے لٹک گئے) وہ بولا کہ زہے نصیب یہ تو (نہایت حسین) لڑکا ہے۔ اور اس کو قیمتی سرمایہ سمجھ کر چھپا لیا۔ اور جو کچھ وہ کرتے تھے اللہ کو سب معلوم تھا۔

۲۰. اور اس کو تھوڑی سی قیمت (یعنی تھوڑے سے درہم) کے بدلے بیچ دیا اور انہیں اس کے بارے میں کچھ لالچ بھی نہ تھا۔

۲۱. اور مصر میں جس شخص نے اس کو خریدا اس نے اپنی بیوی (زلیخا) سے کہا کہ اس کو عزت و اکرام سے رکھو عجب نہیں کہ یہ ہمیں فائدہ دے یا ہم اسے بیٹا بنا لیں۔ اس طرح ہم نے یوسفؑ کو سرزمین (مصر) میں جگہ دی اور غرض یہ تھی کہ ہم ان کو خوابوں کی تعبیر سکھائیں اور اللہ اپنے کام پر غالب ہے لیکن اکثر لوگ نہیں جانتے۔

۲۲. اور جب وہ اپنی جوانی کو پہنچے تو ہم نے ان کو دانائی اور علم بخشا اور نیکوکاروں کو ہم اسی طرح بدلہ دیا کرتے ہیں۔

۲۳. تو جس عورت کے گھر میں وہ رہتے تھے ان کو اس نے اپنی طرف مائل کرنا چاہا اور دروازے بند کر کے کہنے لگی یوسفؑ جلدی آؤ، انہوں نے کہا کہ اللہ پناہ میں رکھے میرے رب نے مجھے بہت اچھا ٹھکانا دیا ہے، (میں ایسا ظلم نہیں کر سکتا) بیشک ظالم لوگ فلاح نہیں پائیں گے۔

۲۴. اور اس عورت نے ان کا قصد کیا اور یوسفؑ اس کا قصد کرتے اگر وہ اپنے رب کی دلیل نہ دیکھتے۔ یوں اس لیے کیا گیا کہ ہم ان سے برائی اور بے حیائی کو روک دیں بیشک وہ ہمارے خالص بندوں میں سے تھے۔

۲۵. اور دونوں دروازے کی طرف بھاگے (آگے یوسفؑ پیچھے زلیخا) اور عورت نے ان کا کرتہ پیچھے سے پکڑ کر جو کھینچا تو پھاڑ ڈالا اور دونوں کو دروازے کے پاس عورت کا خاوند مل گیا تو عورت بولی کہ جو شخص تمہاری بیوی کے ساتھ برا ارادہ کرے اس کی اس کے سوا کیا سزا ہے کہ یا تو قید کیا جائے یا دکھ کا عذاب دیا جائے۔

۲۶. (یوسفؑ نے) کہا اسی نے مجھ کو اپنی طرف مائل کرنا چاہا تھا، اس کے قبیلے میں سے ایک گواہی دینے والے نے یہ گواہی دی کہ اگر اس کا کرتہ آگے سے پھٹا ہو تو یہ سچی ہے اور (یوسف) جھوٹا۔

۲۷. اور اگر کرتا پیچھے سے پھٹا ہو تو یہ جھوٹی اور وہ سچا ہے۔

۲۸. جب اس کا کرتا دیکھا تو پیچھے سے پھٹا تھا تب اس نے (زلیخا سے) کہا کہ یہ تمہارا ہی فریب ہے۔ اور کچھ شک نہیں کہ تم عورتوں کے فریب بڑے بھاری ہوتے ہیں۔

۲۹. (یوسف!) اس بات کا خیال نہ کر اور (زلیخا!) تو اپنے گناہوں کی بخشش مانگ، بیشک خطا تیری ہے۔

۳۰.	اور شہر میں عورتیں چہ میگوئیاں کرنے لگیں کہ عزیز کی بیوی اپنے غلام کو اپنی طرف مائل کرنا چاہتی ہے اور اس کی محبت اس کے دل میں گھر کر گئی ہے، ہم دیکھتی ہیں کہ وہ صریح گمراہی میں ہے۔

۳۱.	جب اس (زلیخا) نے ان عورتوں کی (مکارانہ) گفتگو (جو اصل میں دیدار یوسفؑ کے لیے ایک چال تھی) سنی تو ان کے پاس دعوت کا پیغام بھیجا اور ان کے لیے ایک محفل مرتب کی اور پھل کاٹنے کے لیے ہر ایک کو ایک چھری دی اور یوسفؑ سے کہا کہ ان کے سامنے باہر آؤ۔ جب عورتوں نے ان کو دیکھا تو انہیں (حُسن میں) بہت عظیم سمجھا اور اپنے ہاتھ کاٹ (کر زخمی کر) لیے۔ اور بے ساختہ بول اٹھیں کہ سبحان اللہ یہ آدمی نہیں، کوئی بزرگ فرشتہ ہے۔

۳۲.	تب زلیخا نے کہا یہ وہی ہے جس کے بارے میں تم مجھے طعنے دیتی تھیں اور بیشک میں نے اس کو اپنی طرف مائل کرنا چاہا مگر یہ بچا رہا اور اگر یہ وہ کام نہ کرے گا جو میں اسے کہتی ہوں تو قید کر دیا جائے گا اور ذلیل ہو گا۔

۳۳.	یوسفؑ نے دعا کی کہ پروردگار! جس کام کی طرف یہ مجھے بلاتی ہیں اس کی بجائے مجھے قید پسند ہے اور اگر تو مجھ سے ان کے فریب کو نہ ہٹائے گا تو میں ان کی طرف مائل ہو جاؤں گا اور نادانوں میں شمار ہو جاؤں گا۔

۳۴.	تو اللہ نے ان کی دعا قبول کر لی اور ان سے عورتوں کا مکر دفع کر دیا، بیشک وہ سننے والا جاننے والا ہے۔

۳۵. پھر باوجود اس کے کہ وہ لوگ نشان دیکھ چکے تھے، ان کی رائے یہی ٹھہری کہ کچھ عرصہ کے لیے ان کو قید ہی کر دیں۔

۳۶. اور ان کے ساتھ دو اور جوان بھی جیل میں داخل ہوئے۔ ایک نے ان میں سے کہا کہ میں نے خواب دیکھا ہے کہ شراب کے لیے انگور نچوڑ رہا ہوں۔ دوسرے نے کہا کہ میں نے بھی خواب دیکھا ہے کہ میں اپنے سر پر روٹیاں اٹھائے ہوئے ہوں اور جانور ان میں سے کھا رہے ہیں تو آپ ہمیں ان کی تعبیر بتا دیجئے کہ ہم تمہیں نیکو کار دیکھتے ہیں۔

۳۷. یوسفؑ نے کہا کہ جو کھانا تمہیں ملنے والا ہے وہ آنے نہیں پائے گا کہ میں اس سے پہلے تم کو اس کی تعبیر بتا دوں گا۔ یہ ان باتوں میں سے ہے جو میرے رب نے مجھے سکھائی ہیں، جو لوگ اللہ پر ایمان نہیں لاتے اور روز آخرت سے انکار کرتے ہیں میں ان کا مذہب چھوڑے ہوئے ہوں۔

۳۸. اور اپنے باپ دادا ابراہیمؑ، اسحاقؑ اور یعقوبؑ کے مذہب پر چلتا ہوں ہمیں شایاں نہیں ہے کہ کسی چیز کو اللہ کے ساتھ شریک بنائیں۔ یہ اللہ کا فضل ہے ہم پر بھی اور لوگوں پر بھی لیکن اکثر لوگ شکر نہیں کرتے۔

۳۹. (میرے) جیل کے رفیقو! بھلا کئی جدا جدا آقا اچھے یا ایک اللہ واحد اور غالب؟

۴۰. جن چیزوں کی تم اللہ کے سوا پرستش کرتے ہو وہ صرف نام ہی نام ہیں۔ جو تم نے اور تمہارے باپ دادا نے رکھ لیے ہیں، اللہ نے ان کی کوئی سند نازل نہیں کی، سن لو کہ

اللہ کے سوا کسی کی حکومت نہیں ہے، اس نے فرمایا ہے کہ اس کے سوا کسی کی عبادت نہ کرو، یہی سیدھا دین ہے لیکن اکثر لوگ نہیں جانتے۔

۴۱. میرے جیل کے ساتھیو! تم میں سے ایک جو پہلے خواب بیان کرنے والا ہے وہ تو اپنے آقا کو شراب پلایا کرے گا اور جو دوسرا ہے وہ سولی دیا جائے گا اور جانور اس کا سر نوچ نوچ کھائیں گے جو کچھ تم مجھ سے پوچھتے وہ فیصل ہو چکا ہے۔

۴۲. اور دونوں بندوں میں سے جس کی نسبت یوسفؑ نے خیال کیا کہ وہ رہائی پا جائے گا، اس سے کہا کہ اپنے آقا سے میرا ذکر بھی کرنا، لیکن شیطان نے ان کا اپنے آقا سے ذکر کرنا بھلا دیا، اور یوسفؑ کئی برس جیل میں ہی رہے۔

۴۳. پھر بادشاہ نے کہا کہ میں نے خواب دیکھا ہے کہ سات موٹی گائیں ہیں جن کو سات دبلی گائیں کھا رہی ہیں، سات خوشے سبز ہیں اور سات خشک۔ اے سردارو! اگر تم خوابوں کی تعبیر دے سکتے ہو تو مجھے میرے خواب کی تعبیر بتاؤ۔

۴۴. انہوں نے کہا کہ یہ تو پریشان خواب ہیں ایسے خوابوں کی تعبیر نہیں آتی۔

۴۵. اب وہ شخص جو دونوں قیدیوں میں سے رہائی پا گیا تھا اور جسے مدت کے بعد وہ بات یاد آگئی، بول اٹھا کہ میں اس کی تعبیر لا بتا تا ہوں مجھے (جیل خانے) جانے کی اجازت دیجئے۔

۴۶. (غرض وہ یوسفؑ کے پاس آیا اور کہنے لگا) اے بڑے سچے یوسف! ہمیں اس خواب کی تعبیر بتائیے کہ سات موٹی گایوں کو سات دبلی گائیں کھا رہی ہیں، سات خوشے سبز

ہیں اور سات سوکھے، تاکہ میں لوگوں کے پاس جا کر تعبیر بتاؤں، عجب نہیں کہ وہ (تمہاری قدر) جانیں۔

۴۷. انہوں نے کہا کہ تم لوگ سات سال متواتر کھیتی باڑی کرتے رہو گے تو جو غلہ کاٹو تو تھوڑے سے غلے کے سوا جو کھانے میں آئے اسے خوشوں میں ہی رہنے دو۔

۴۸. پھر اس کے بعد خشک سالی کے ساتھ سات سال آئیں گے کہ جو غلہ تم نے جمع کر رکھا ہوگا وہ اس سب کو کھا جائیں گے صرف وہی تھوڑا سا رہ جائے گا جو تم احتیاط سے رکھ چھوڑو گے۔

۴۹. پھر اس کے بعد ایک سال آئے گا کہ خوب بارش ہوگی اور لوگ اس میں رس نچوڑیں گے۔

۵۰. (یہ تعبیر سن کر) بادشاہ نے حکم دیا کہ یوسفؑ کو میرے پاس لے آؤ۔ جب قاصد ان کے پاس گیا تو انہوں نے کہا کہ اپنے آقا کے پاس واپس جاؤ اور ان سے پوچھو کہ ان عورتوں کا کیا حال ہے جنہوں نے اپنے ہاتھ کاٹ لیے تھے، بیشک میرا پروردگار ان کے مکروں سے خوب واقف ہے۔

۵۱. بادشاہ نے عورتوں سے پوچھا کہ بھلا اس وقت کیا ہوا تھا جب تم نے یوسفؑ کو اپنی طرف مائل کرنا چاہا؟ سب بول اٹھیں کہ حاشاللہ ہم نے اس میں کوئی برائی معلوم نہیں

کی۔ عزیز کی عورت نے کہا، اب سچی بات تو ظاہر ہو ہی گئی ہے، اصل یہ ہے کہ میں نے اس کو اپنی طرف مائل کرنا چاہا تھا اور وہ بیشک سچا ہے۔

۵۲۔ یوسفؑ نے کہا کہ میں نے یہ بات اس لیے پوچھی ہے کہ عزیز کو یقین ہو جائے کہ میں نے اس کی پیٹھ پیچھے اس کی امانت میں خیانت نہیں کی اور اللہ خیانت کرنے والوں کے مکروں کو چلنے نہیں دیتا۔

۵۳۔ اور میں اپنے آپ کو پاک صاف نہیں کہتا کیونکہ نفس امارہ انسان کو برائی ہی سکھاتا رہتا ہے۔ مگر یہ کہ میرا پروردگار رحم کرے بیشک میرا رب بخشنے والا مہربان ہے۔

۵۴۔ بادشاہ نے حکم دیا کہ اسے میرے پاس لاؤ میں اسے اپنا مصاحب خاص بناؤں گا، پھر جب ان سے گفتگو کی تو کہا، کہ آج سے تم ہمارے ہاں صاحب منزلت اور صاحب اعتبار ہو۔

۵۵۔ (یوسفؑ نے) کہا مجھے اس ملک کے خزانوں پر مقرر کر دیجیے کیونکہ میں حفاظت بھی کر سکتا ہوں اور اس کام سے واقف ہوں۔

۵۶۔ اس طرح ہم نے یوسفؑ کو مصر کے ملک میں جگہ دی اور وہ اس ملک میں جہاں چاہتے تھے رہتے تھے۔ ہم اپنی رحمت جس پر چاہتے ہیں کرتے ہیں اور نیکوکاروں کے اجر کو ضائع نہیں کرتے۔

۵۷۔ اور جو لوگ ایمان لائے اور ڈرتے رہے ان کے لیے آخرت کا اجر بہت بہتر ہے۔

۵۸۔ اور یوسفؑ کے بھائی (کنعان سے مصر میں غلہ خریدنے کے لیے) آئے تو یوسفؑ کے پاس گئے تو یوسفؑ نے ان کو پہچان لیا اور وہ ان کو نہ پہچان سکے۔

۵۹۔ جب یوسفؑ نے ان کے لیے ان کا سامان تیار کر دیا تو کہا کہ پھر آنا تو جو باپ کی طرف سے تمہارا ایک اور بھائی ہے اسے بھی میرے پاس لیتے آنا۔ کیا تم نہیں دیکھتے کہ میں ماپ بھی پورا دیتا ہوں اور مہمان داری بھی خوب کرتا ہوں۔

۶۰۔ اگر تم اسے میرے پاس نہ لاؤ گے تو نہ تمہیں میرے ہاں سے غلہ ملے گا اور نہ تم میرے پاس ہی آسکو گے۔

۶۱۔ انہوں نے کہا کہ ہم اس کے بارے میں اس کے والد سے تذکرہ کریں گے اور ہم یہ کام کر کے رہیں گے۔

۶۲۔ اور یوسفؑ نے اپنے خدام سے کہا کہ ان کا سرمایہ (غلے کی قیمت) ان کے شلیتوں میں رکھ دو عجب نہیں کہ جب یہ اپنے اہل و عیال میں جائیں تو اسے پہچان لیں اور عجب نہیں کہ پھر یہاں آئیں۔

۶۳. جب وہ اپنے باپ کے پاس واپس گئے تو کہنے لگے کہ ابا جان! (جب تک ہم بن یامین کو ساتھ نہ لے جائیں) ہمارے لیے غلے کی بندش کردی گئی ہے تو ہمارے ساتھ ہمارے بھائی کو بھیج دیجیے تاکہ ہم پھر غلہ لائیں اور ہم اس کے نگہبان ہیں۔

۶۴. (یعقوبؑ نے کہا) کیا میں اس کے بارے میں تم پر اعتبار کروں جیسا پہلے اس کے بھائی کے بارے میں کیا تھا؟ سو اللہ ہی بہتر نگہبان ہے اور وہ سب سے زیادہ رحم کرنے والا ہے۔

۶۵. اور جب انہوں نے اپنا اسباب کھولا، دیکھا کہ ان کا سرمایہ واپس کردیا گیا ہے کہنے لگے، ابا ہمیں اور کیا چاہیے دیکھیے یہ ہمارا سرمایہ بھی ہمیں واپس کردیا گیا ہے۔ اب ہم اپنے اہل و عیال کے لیے پھر غلہ لائیں گے اور اپنے بھائی کی نگہبانی کریں گے اور ایک بارِ شتر زیادہ لائیں گے کہ یہ غلہ جو ہم لائے ہیں تھوڑا ہے۔

۶۶. یعقوبؑ نے کہا کہ جب تک تم اللہ کا عہد نہ دو کہ اس کو میرے پاس صحیح و سالم لے آؤ گے میں اسے ہرگز تمہارے ساتھ نہیں بھیجنے کا مگر یہ کہ تم گھیر لیے جاؤ (بے بس ہو جاؤ تو مجبوری ہے) جب انہوں نے ان سے عہد کرلیا تو (یعقوبؑ نے) کہا کہ جو قول و قرار ہم کررہے ہیں اس کا اللہ ضامن ہے۔

۶۷. اور ہدایت کی کہ میرے بچو! ایک ہی دروازے سے داخل نہ ہونا بلکہ جدا جدا دروازوں سے داخل ہونا اور میں اللہ کی تقدیر تو تم سے نہیں روک سکتا۔ بیشک حکم اسی کا ہے، میں اسی پر بھروسا رکھتا ہوں اور اہل توکل کو اسی پر بھروسا رکھنا چاہیے۔

۶۸. اور جب وہ ان دروازوں سے داخل ہوئے جہاں سے داخل ہونے کے لیے ان کے والد نے کہا تھا تو وہ تدبیر اللہ کے حکم کو ذرا بھی ٹال نہ سکتی تھی۔ ہاں یعقوبؑ کے دل کی خواہش تھی جو انہوں نے پوری کی تھی اور بیشک وہ صاحب علم تھے، کیونکہ ہم نے ان کو علم سکھایا تھا لیکن اکثر لوگ نہیں جانتے۔

۶۹. اور جب وہ لوگ یوسفؑ کے پاس پہنچے تو یوسفؑ نے اپنے (حقیقی) بھائی کو اپنے پاس جگہ دی اور کہا میں تمہارا بھائی ہوں تو جو سلوک (یہ ہمارے ساتھ) کرتے رہے اس پر افسوس نہ کرنا۔

۷۰. جب ان کا اسباب تیار کر دیا تو اپنے بھائی کے شلیتے میں پیالہ رکھ دیا، (پھر جب وہ آبادی سے باہر نکل گئے) تو ایک پکارنے والے نے آواز دی کہ قافلے والو! تم تو چور ہو۔

۷۱. وہ ان کی طرف متوجہ ہو کر کہنے لگے کہ تمہاری کیا چیز کھو گئی ہے؟

۷۲. وہ بولے کہ بادشاہ کا (پانی پینے) کا پیالہ کھو گیا ہے اور جو شخص اس کو لے آئے اس کے لیے ایک بار شتر انعام اور میں اس کا ضامن ہوں۔

۷۳. وہ کہنے لگے کہ اللہ کی قسم تم کو معلوم ہے کہ ہم اس ملک میں اس لیے نہیں آئے کہ خرابی کریں اور نہ ہم چوری کیا کرتے ہیں۔

۷۴. بولے کہ اگر تم جھوٹے نکلے (چوری ثابت ہو گئی) تو اس کی سزا کیا ہے؟

۷۵.　انہوں نے کہا اس کی سزا یہ کہ جس کے شلیتے میں وہ دستیاب ہو وہی اس کا بدل قرار دیا جائے۔ ہم ظالموں کو یہی سزا دیا کرتے ہیں۔

۷٦.　پھر یوسفؑ نے اپنے بھائی کے شلیتے سے پہلے ان کے شلیتوں کو دیکھنا شروع کیا، پھر اپنے بھائی کے شلیتے میں سے اس کو نکال لیا اس طرح ہم نے یوسفؑ کے لیے تدبیر کی ورنہ بادشاہ کے قانون کے مطابق وہ مشیت الٰہی کے سوا اس کو لے نہیں سکتے تھے۔ ہم جس کے چاہتے ہیں درجے بلند کرتے ہیں اور ہر علم والے سے دوسرا علم والا بڑھ کر ہے۔

۷۷.　(یوسفؑ کے بھائیوں نے) کہا کہ اگر اس نے چوری کی ہے تو کچھ عجب نہیں کہ اس کے ایک بھائی نے بھی پہلے چوری کی تھی۔ یوسفؑ نے اس بات کو اپنے دل میں چھپائے رکھا اور ان پر ظاہر نہ ہونے دیا اور کہا کہ تم بڑے برے لوگ ہو اور جو تم بیان کرتے ہو اللہ اس کو خوب جانتا ہے۔

۷۸.　وہ کہنے لگے کہ عزیز! اس کے والد بہت بوڑھے ہیں (اور اس سے بہت محبت رکھتے ہیں) تو اس کو چھوڑ دیجیے اور اس کی بجائے ہم میں سے کسی کو رکھ لیجیے ہم دیکھتے ہیں کہ آپ احسان کرنے والے ہیں۔

۷۹.　یوسفؑ نے کہا کہ اللہ پناہ میں رکھے کہ جس شخص کے پاس ہم نے اپنی چیز پائی ہے اس کے سوا کسی اور کو پکڑ لیں، ایسا کریں تو ہم بڑے بے انصاف ہیں۔

۸۰. جب وہ اس سے نا امید ہو گئے تو الگ ہو کر صلاح کرنے لگے، سب سے بڑے نے کہا کیا تم نہیں جانتے کہ تمہارے والد نے تم سے اللہ کا عہد لیا ہے اور اس سے پہلے بھی تم یوسفؑ کے بارے میں قصور کر چکے ہو تو جب تک والد صاحب مجھے حکم نہ دیں، میں تو اس جگہ سے ہلنے کا نہیں، یا اللہ میرے لیے کوئی اور تدبیر کرے اور وہ سب سے بہتر فیصلہ کرنے والا ہے۔

۸۱. تم سب والد کے پاس واپس جاؤ اور کہو کہ ابا جان! آپ کے بیٹے نے وہاں جا کر چوری کی ہے اور ہم نے تو اپنی دانست کے مطابق آپ سے اس کے لے آنے کا عہد کیا تھا۔ مگر ہم غیب کی باتوں کے جاننے والے اور یاد رکھنے والے تو نہیں تھے۔

۸۲. اور جس بستی میں ہم ٹھہرے تھے وہاں سے (اہل مصر سے) اور جس قافلے میں ہم آئے ہیں ان سے پوچھ لیجیے اور ہم اس بیان میں بالکل سچے ہیں۔

۸۳. جب انہوں نے یہ بات یعقوبؑ سے آ کر کہی تو انہوں نے کہا حقیقت یوں نہیں ہے بلکہ یہ بات تم نے اپنے دل سے بنالی ہے تو صبر ہی بہتر ہے۔ عجب نہیں کہ اللہ ان سب کو میرے پاس لے آئے بیشک وہ دانا اور حکمت والا ہے۔

۸۴. پھر ان سے منہ پھیر لیا اور کہنے لگے کہ ہائے افسوس یوسفؑ اور (رنج و غم میں) ان کی آنکھیں سفید ہو گئیں اور ان کا دل غم سے بھر رہا تھا۔

۸۵. بیٹے کہنے لگے کہ واللہ! اگر آپ اسی طرح یوسفؑ کو یاد ہی کرتے رہیں گے تو یا بیمار ہو جائیں گے یا جان سے ہی چلے جائیں گے۔

۸۶. انہوں نے کہا میں تو اپنے دکھ درد کا اظہار اللہ سے کرتا ہوں اور اللہ کی طرف سے وہ باتیں جانتا ہوں جو تم نہیں جانتے۔

۸۷. اے میرے بیٹو! یوں کرو کہ ایک دفعہ پھر جاؤ یوسفؑ اور اس کے بھائی کو تلاش کرو، اور اللہ کی رحمت سے ناامید نہ ہو کہ اللہ کی رحمت سے کافر ناامید ہوا کرتے ہیں۔

۸۸. جب وہ یوسفؑ کے پاس گئے تو کہنے لگے کہ عزیز ہمیں اور ہمارے اہل و عیال سخت تکلیف میں ہیں اور ہم تھوڑا سا سرمایہ لائے ہیں اور آپ ہمیں اس کے بدلے پورا غلہ دیجیے اور خیرات کیجیے کہ اللہ خیرات کرنے والوں کو ثواب دیتا ہے۔

۸۹. یوسفؑ نے کہا تمھیں معلوم ہے کہ جب تم نادانی میں پھنسے ہوئے تھے تو تم نے یوسفؑ اور اس کے بھائی کے ساتھ کیا کیا تھا؟

۹۰. وہ بولے کیا تم ہی یوسفؑ ہو؟ انہوں نے کہا ہاں! میں ہی یوسفؑ ہوں اور (بن یامین کی طرف اشارہ کرکے کہنے لگے) یہ میرا بھائی ہے۔ اللہ نے ہم پر بڑا احسان کیا ہے۔ جو شخص اللہ سے ڈرتا ہے اور صبر کرتا ہے تو اللہ نیکو کاروں کا اجر ضائع نہیں کرتا۔

۹۱. وہ بولے اللہ کی قسم اللہ نے تم کو ہم پر بڑی فضیلت بخشی ہے اور بیشک ہم خطاکار ہیں۔

۹۲. یوسفؑ نے کہا کہ آج کے دن سے تم پر کچھ عتاب اور ملامت نہیں ہے۔ اللہ تم کو معاف کرے اور وہ بہت رحم کرنے والا ہے۔

۹۳. یہ میرا کرتہ لے جاؤ اسے والد صاحب کے منہ پر ڈال دو وہ بینا ہو جائیں گے اور اپنے تمام اہل و عیال کو میرے پاس لے آؤ۔

۹۴. اور جب قافلہ مصر سے روانہ ہوا تو ان کے والد کہنے لگے کہ اگر مجھ کو یہ نہ کہو کہ (بوڑھا) بہک گیا ہے تو مجھے تو یوسفؑ کی بو آرہی ہے۔

۹۵. وہ بولے کہ واللہ آپ اسی پرانی غلطی میں بتلا ہیں۔

۹۶. جب خوشخبری دینے والا آ پہنچا تو کرتہ یعقوبؑ کے منہ پر ڈال دیا اور وہ بینا ہو گئے اور (بیٹوں سے) کہنے لگے کیا میں نے تم سے نہیں کہا تھا کہ میں اللہ کی طرف سے وہ باتیں جانتا ہوں جو تم نہیں جانتے؟

۹۷. (بیٹوں نے) کہا ابا ہمارے لیے گناہ کی مغفرت مانگیے بیشک ہم خطا کار تھے۔

۹۸. انہوں نے کہا کہ میں اپنے رب سے تمہارے لیے بخشش مانگوں گا، بیشک وہ بخشنے والا مہربان ہے۔

۹۹. جب یہ سب لوگ یوسفؑ کے پاس پہنچے تو یوسفؑ نے اپنے والدین کو اپنے پاس بٹھایا اور کہا مصر میں داخل ہو جائیے اگر اللہ تعالیٰ نے چاہا تو امن میں رہیں گے۔

۱۰۰. اور اپنے والدین کو تخت پر بٹھایا اور سب یوسفؑ کے آگے سجدے میں گر پڑے تو اس وقت یوسفؑ نے کہا یہ میرے اس خواب کی تعبیر ہے جو میں نے پہلے بچپن میں دیکھا تھا میرے رب نے اسے سچ کر دیا اور اس نے مجھ پر بہت سے احسان کیے ہیں کہ مجھ کو جیل خانے سے نکالا اور آپ کو گاؤں سے یہاں لایا حالانکہ شیطان نے مجھ میں اور میرے بھائیوں میں فساد ڈال دیا تھا، بیشک میرا رب جو چاہتا ہے تدبیر سے کرتا ہے وہ دانا اور حکمت والا ہے۔

۱۰۱. (جب یہ سب باتیں ہو چکیں تو) یوسفؑ نے اللہ سے دعا کی کہ اے میرے رب! تو نے حکومت سے مجھے بہرہ مند کیا اور خوابوں کی تعبیر کا علم بخشا، اے آسمانوں اور زمین کے پیدا کرنے والے! تو ہی دنیا و آخرت میں میرا کارساز ہے، تو مجھے دنیا سے اپنی اطاعت کی حالت میں اٹھا ئیو اور آخرت میں اپنے نیک بندوں میں داخل کرنا

۱۰۲. (اے پیغمبر صلی اللہ علیہ وآلہ وسلم!) یہ خبریں غیب میں سے ہیں جو ہم آپ کی طرف بھیجتے ہیں اور جب یوسفؑ کے بھائیوں نے اپنی بات پر اتفاق کیا تھا اور وہ فریب کر رہے تھے تو آپ ان کے پاس تو نہ تھے۔

۱۰۳. اور بہت سے لوگ چاہے آپ کتنی ہی خواہش کرو ایمان لانے والے نہیں ہیں۔

۱۰۴. اور آپ ان سے اس (خیر خواہی) کا کوئی بدلہ بھی تو نہیں مانگتے۔ یہ قرآن اور کچھ نہیں مگر تمام عالم کے لیے نصیحت ہے۔

۱۰۵. اور آسمان اور زمین میں کتنی ہی نشانیاں ہیں جن پر یہ گزرتے ہیں اور ان سے اعراض کرتے ہیں۔

۱۰۶. اور ان میں سے اکثر اللہ پر ایمان نہیں رکھتے مگر اس کے ساتھ شرک کرتے ہیں۔

۱۰۷. کیا یہ اس بات سے بے خوف ہیں کہ ان پر اللہ کا عذاب نازل ہو کر ان کو ڈھانپ لے یا ان پر اچانک قیامت آجائے اور انہیں خبر بھی نہ ہو۔

۱۰۸. فرمادیں میرا رستہ تو یہ ہے میں اللہ کی طرف بلاتا ہوں پورے یقین، اعتماد اور سوچ سمجھ کر، میں بھی لوگوں کو اللہ کی طرف بلاتا ہوں اور میرے پیرو بھی، اور اللہ پاک ہے اور میں شرک کرنے والوں میں سے نہیں ہوں۔

۱۰۹. اور ہم نے آپ سے پہلے بستیوں کے رہنے والوں میں سے مرد ہی بھیجے تھے جن کی طرف ہم وحی بھیجتے تھے کیا ان لوگوں نے ملک میں سیر و سیاحت نہیں کی کہ دیکھ لیتے کہ جو لوگ ان سے پہلے تھے ان کا انجام کیا ہوا؟ اور متقیوں کے لیے آخرت کا گھر بہت اچھا ہے کیا تم نہیں سمجھتے؟

۱۱۰. یہاں تک کہ جب پیغمبر ناامید ہو گئے اور انہوں نے خیال کیا کہ اپنی فتح کے بارے میں جو بات انہوں نے کہی تھی اس میں وہ سچے نہیں نکلے تو ان کے پاس ہماری مدد آ پہنچی۔ پھر جسے ہم نے چاہا بچا دیا اور ہمارا عذاب اتر کر گنہگار لوگوں سے پھرا نہیں کرتا۔

۱۱۱.	ان کے قصہ میں عقل مندوں کے لیے عبرت ہے۔ یہ قرآن ایسی بات نہیں ہے جو جھوٹ موٹ بنائی گئی ہو بلکہ جو کتابیں اس سے پہلے نازل ہوئی ہیں ان کی تصدیق کرنے والا ہے۔ ہر چیز کی تفصیل کرنے والا مومنوں کے لیے ہدایت اور رحمت ہے۔

۱۳۔ سورۃ الرعد

۱. الٓمٓرٰ۔ یہ کتاب کی آیتیں ہیں جو آپ کے رب کی طرف سے آپ پر نازل ہوئی ہے یہ سچ ہے، مگر اکثر لوگ ایمان نہیں لاتے۔

۲. اللہ وہی تو ہے جس نے ستونوں کے بغیر آسمان جیسا کہ تم دیکھتے ہو (اتنے اونچے) بنائے، پھر عرش پر جا ٹھہرا، سورج اور چاند کو کام میں لگا دیا، ہر ایک ایک معین میعاد تک گردش کر رہا ہے۔ وہی (دنیا کے) کاموں کا انتظام کرتا ہے، اس طرح وہ اپنی آیات کھول کھول کر بیان کرتا ہے تاکہ تم اپنے رب کے سامنے جانے کا یقین کرو۔

۳. اور وہ وہی ہے جس نے زمین کو پھیلایا، اس میں پہاڑ اور نہریں پیدا کیں اور ہر طرح کے میووں کی دو دو قسمیں بنائیں، وہی رات کو دن کا لباس پہناتا ہے، غور کرنے والوں کے لیے اس میں بہت سی نشانیاں ہیں۔

۴. اور زمین میں کئی طرح کے قطعات ہیں، ایک دوسرے سے ملے ہوئے، انگور کے باغات اور کھیتی اور کھجور کے درخت، بعض کی بہت سی شاخیں ہیں اور بعض کی اتنی

نہیں ہوتیں اس کے باوجود کہ پانی سب کو ایک ہی ملتا ہے اور ہم بعض میووں کو بعض پر لذت میں فضیلت دیتے ہیں اور اس میں سمجھنے والوں کے لیے بہت سی نشانیاں ہیں۔

۵. اگر تم عجیب بات سننی چاہو تو کافروں کا یہ کہنا عجیب ہے کہ جب ہم مر کر مٹی ہو جائیں گے تو کیا پھر دوبارہ پیدا کیے جائیں گے؟ یہی لوگ ہیں جو اپنے رب سے منکر ہوئے ہیں۔ اور یہی ہیں جن کی گردنوں میں طوق ہوں گے، اور یہی اہل دوزخ ہیں کہ ہمیشہ اس میں (جلتے) رہیں گے۔

۶. اور یہ لوگ بھلائی سے پہلے آپ سے برائی کے جلد خواستگار ہیں (طالب عذاب ہیں)، حالانکہ ان سے پہلے (عذاب کی) مثالیں گزر چکی ہیں۔ اور آپ کا پروردگار لوگوں کو ان کی بے انصافیوں کے باوجود معاف کرنے والا ہے۔ اور بیشک آپ کا رب سخت عذاب دینے والا ہے۔

۷. اور کفار کہتے ہیں کہ اس پیغمبر پر اس کے رب کی طرف سے کوئی نشانی نازل کیوں نہیں ہوئی؟ (تو اے محمد ﷺ!) آپ تو صرف ڈرانے والے ہیں اور ہر ایک قوم کے لیے رہنما ہوا کرتا ہے۔

۸. اللہ ہی اس بچہ سے واقف ہے جو عورت کے پیٹ میں ہوتا ہے۔ پیٹ کے سکڑنے اور بڑھنے سے بھی واقف ہے۔ اور ہر چیز کا اس کے پاس ایک اندازہ مقرر ہے۔

۹. وہ پوشیدہ اور ظاہر کا جاننے والا سب سے برتر ہے غالب ہے۔

۱۰۔ کوئی تم میں سے چپکے سے بات کہے یا پکار کر یا رات کو کہیں چھپ جائے یا دن کی روشنی میں کھلم کھلا چلے پھرے اس کے نزدیک برابر ہے۔

۱۱۔ اس کے آگے اور پیچھے اللہ کے نگران ہیں جو اللہ کے حکم سے اس کی حفاظت کرتے ہیں۔ اللہ اس نعمت کو جو کسی قوم کو حاصل ہے نہیں بدلتا جب تک کہ وہ خود اپنی حالت کو نہ بدلیں جب اللہ کسی قوم کے ساتھ برائی کا ارادہ کرتا ہے تو پھر وہ ٹل نہیں سکتی اور اللہ کے سوا ان کا کوئی مددگار نہیں ہوتا

۱۲۔ اور وہی تو ہے جو تم کو ڈرانے اور امید دلانے کے لیے بجلی دکھاتا ہے، اور بھاری بھاری بادل پیدا کرتا ہے۔

۱۳۔ کڑک اور فرشتے سب اس کے خوف سے اس کی تعریف کے ساتھ تسبیح و تحمید کرتے رہتے ہیں۔ اور وہی بجلیاں بھیجتا ہے، پھر جس پر چاہتا ہے گرا بھی دیتا ہے۔ اور وہ اللہ کے بارے میں جھگڑتے ہیں، اور وہ بڑی قوت والا ہے۔

۱۴۔ برحق پکارنا تو اسی کا ہے اور جن کو یہ لوگ اس کے سوا پکارتے ہیں وہ ان کی پکار کو کسی طرح قبول نہیں کرتے، مگر اس شخص کی طرح جو اپنے دونوں ہاتھ پانی کی طرف پھیلا دے تاکہ دور ہی سے پانی اس کے منہ تک آپہنچے، حالانکہ وہ اس تک کبھی بھی نہیں آسکتا اور اسی طرح کفار کی پکار بیکار ہے۔

۱۵.	اور جتنی مخلوق آسمانوں اور زمین میں ہے۔ خوشی سے یا زبردستی سے اللہ کے آگے سجدہ کرتی ہے اور ان کے سائے بھی صبح و شام سجدے کرتے ہیں۔

۱۶.	ان سے پوچھیں کہ آسمانوں اور زمین کا رب کون ہے؟ کہہ دیجئے کہ اللہ۔ پھر ان سے کہیے کیا تم نے اللہ کو چھوڑ کر اولیاء کو کارساز بنایا ہے، جو خود اپنے نفع و نقصان کا بھی اختیار نہیں رکھتے، یہ بھی پوچھو کیا اندھا اور آنکھوں والا برابر ہیں؟ یا اندھیرا اور اجالا برابر ہو سکتا ہے؟ بھلا ان لوگوں نے جن کو اللہ کا شریک مقرر کیا ہے، کیا انہوں نے اللہ کی سی مخلوق پیدا کی ہے. جس کے سبب ان کو مخلوقات مشتبہ ہو گئی ہے۔ کہہ دو کہ اللہ ہی ہر چیز کا پیدا کرنے والا ہے، اور وہی اکیلا اور زبردست ہے

۱۷.	اسی نے آسمان سے مینہ برسایا، پھر اس سے اپنے اپنے اندازے کے مطابق نالے بہہ نکلے، پھر پھولا ہوا جھاگ آ گیا۔ اور جس چیز کو زیور یا کوئی اور سامان بنانے کے لیے آگ میں تپاتے ہیں اس میں بھی ایسا ہی جھاگ ہوتا ہے۔ اس طرح اللہ حق اور باطل کی مثال بیان فرماتا ہے، سو جھاگ تو سوکھ کر زائل ہو جاتا ہے اور پانی جو لوگوں کو فائدہ پہنچاتا ہے وہ زمین میں ٹھہرا رہتا ہے۔ اس طرح اللہ (غلط اور صحیح کی) مثالیں بیان کرتا ہے (تاکہ تم سمجھو)۔

۱۸.	جن لوگوں نے اللہ کے حکم کو قبول کیا ان کی حالت بہت بہتر ہوگی اور جنہوں نے اس کو قبول نہ کیا اگر روئے زمین کے سب خزانے ان کے اختیار میں ہوں تو وہ سب کے

سب اور ان کے ساتھ اتنے ہی اور (نجات کے) بدلے میں دے ڈالیں تو نجات نہ ہوگی۔ ایسے لوگوں کا حساب بھی برا ہوگا اور ان کا ٹھکانا بھی دوزخ ہے اور وہ بری جگہ ہے۔

۱۹. بھلا جو شخص یہ جانتا ہے کہ جو کچھ تمہارے رب کی طرف سے تم پر نازل ہوا ہے حق ہے، وہ اس شخص کی طرح ہے جو اندھا ہے؟ اور نصیحت تو وہی حاصل کرتے ہیں جو عقل مند ہیں۔

۲۰. جو اللہ کے عہد کو پورا کرتے ہیں اور اقرار کو نہیں توڑتے

۲۱. اور جن قرابت کے رشتوں کو جوڑے رکھنے کا حکم اللہ نے دیا ان کو جوڑے رکھتے اور اپنے رب سے ڈرتے رہتے اور برے حساب سے خوف کھاتے ہیں۔

۲۲. اور جو رب کی خوشنودی حاصل کرنے کے لیے تکلیفوں پر صبر کرتے ہیں، نماز قائم کرتے ہیں اور جو مال ہم نے ان کو دیا ہے اس میں سے پوشیدہ اور ظاہر خرچ کرتے ہیں اور برائی کا جواب نیکی سے دیتے ہیں یہی لوگ ہیں جن کے لیے عاقبت کا گھر ہے۔

۲۳. یعنی ہمیشہ رہنے کے باغات جن میں وہ داخل ہوں گے اور ان کے باپ، دادا، بیویوں اور اولاد میں سے جو نیکوکار ہوں گے وہ بھی بہشت میں جائیں گے اور فرشتے بہشت کے ہر ایک دروازے سے ان کے پاس آئیں گے۔

۲۴. اور کہیں گے تم پر رحمت ہو یہ تمہاری ثابت قدمی کا بدلہ ہے اور عاقبت کا گھر خوب گھر ہے۔

۲۵. اور جو لوگ اللہ سے پکا وعدہ کر کے توڑ دیتے ہیں۔ جن قرابت کے رشتوں کو جوڑے رکھنے کا اللہ نے حکم دیا ہے وہ ان کو توڑے دیتے ہیں، اور ملک میں فساد کرتے ہیں ایسوں پر لعنت ہے اور ان کے لیے گھر بھی برا ہے۔

۲۶. اللہ جس کو چاہتا ہے فراخ رزق دیتا ہے اور جس کو چاہتا ہے تنگ کر دیتا ہے اور کافر لوگ دنیا کی زندگی پر خوش ہو رہے ہیں، اور دنیا کی زندگی کا آخرت کے مقابلہ میں بہت تھوڑا فائدہ ہے۔

۲۷. اور کافر کہتے ہیں اس پیغمبر پر اس کے رب کی طرف سے کوئی نشانی کیوں نازل نہیں ہوئی؟ کہہ دو کہ اللہ جسے چاہتا ہے گمراہ کرتا ہے اور جو اس کی طرف رجوع کرتا ہے، اس کو اپنی طرف کا راستہ دکھاتا ہے۔

۲۸. جو لوگ ایمان لائے اور جن کے دل اللہ کی یاد سے اطمینان پاتے ہیں، اور سن رکھو کہ اللہ کی یاد سے دل آرام پاتے ہیں۔

۲۹. جو لوگ ایمان لائے اور نیک عمل کیے ان کے لیے خوش حالی اور عمدہ ٹھکانا ہے۔

۳۰. (جس طرح ہم اور پیغمبر بھیجتے رہے ہیں) اسی طرح (اے نبی ﷺ!) ہم نے آپ کو اس امت میں جس سے پہلے بہت سی امتیں گزر چکی ہیں بھیجا ہے تاکہ آپ ان کو وہ کتاب جو ہم نے آپ کی طرف بھیجی ہے پڑھ کر سنا دیں اور یہ لوگ رحمن کو نہیں مانتے، فرما

دیں کہ وہی تو میرا رب ہے اس کے سوا کوئی معبود نہیں، میں اسی پر بھروسا رکھتا ہوں اور اسی کی طرف رجوع کرتا ہوں۔

۳۱. اور اگر کوئی قرآن ایسا ہوتا کہ اس کے اثر سے پہاڑ چل پڑتے یا زمین پھٹ جاتی یا مردوں سے کلام کر سکتے تو (پھر بھی وہ ایمان نہ لاتے۔) بات یہ ہے کہ سب کام اللہ کے ہاتھ میں ہے۔ تو کیا مومنین کو اس بات سے اطمینان نہیں ہوا کہ اگر اللہ چاہتا تو سب کو ہدایت کے راستے پر چلا دیتا، اور کفار پر ہمیشہ ان کے اعمال کے بدلے بلا آتی رہے گی۔ یا ان کے مکانات کے قریب نازل ہوتی رہے گی۔ یہاں تک کہ اللہ کا وعدہ آپہنچے، بیشک اللہ وعدہ خلافی نہیں کرتا۔

۳۲. اور آپ سے پہلے بھی رسولوں کے ساتھ ہنسی مذاق ہوتے رہے ہیں۔ تو میں نے کافروں کو مہلت دی، پھر پکڑ لیا سو دیکھ لو کہ (ہمارا) عذاب کیسا تھا۔

۳۳. تو کیا اللہ جو ہر متنفس کے اعمال کا نگران اور نگہبان ہے، (وہ بتوں کی طرح بے عمل اور بےخبر ہو سکتا ہے؟) اور ان لوگوں نے اللہ کے شریک بنا رکھے ہیں، ان سے کہو کہ ذرا ان کے نام تو بولو۔ کیا تم اس کو ایسی چیزیں بتاتے ہو جس کو وہ زمین میں کہیں بھی نہیں پاتا، صرف ظاہری اور جھوٹی بات کی تقلید کرتے ہو، اصل یہ ہے کہ کافروں کو ان کے فریب خوبصورت معلوم ہوتے ہیں۔ اور وہ ہدایت کے راستے سے روک لیے گئے ہیں۔ اور جسے اللہ گمراہ کرے اسے کوئی ہدایت کرنے والا نہیں۔

۳۴.	ان کو دنیا کی زندگی میں بھی عذاب ہے اور آخرت کا عذاب تو بہت ہی سخت ہے۔ اور ان کو اللہ کے عذاب سے بچانے والا کوئی نہیں۔

۳۵.	جس باغ کا متقیوں سے وعدہ کیا گیا ہے۔ اس کی صفات یہ ہیں کہ اس کے نیچے نہریں بہہ رہی ہیں، اس کے پھل ہمیشہ قائم رہنے والے ہیں اور اس کے سائے بھی، یہ ان لوگوں کا انجام ہے جو متقی ہیں اور کافروں کا انجام دوزخ ہے۔

۳۶.	اور جن لوگوں کو ہم نے کتاب دی ہے، وہ اس کتاب سے جو آپ پر نازل ہوئی ہے خوش ہوتے ہیں اور بعض فرقے اس کی بعض باتیں نہیں بھی مانتے، کہہ دو کہ مجھ کو یہی حکم ہوا ہے کہ اللہ ہی کی عبادت کروں اور اس کے ساتھ کسی کو شریک نہ بناؤں، میں اسی کی طرف بلاتا ہوں اور اسی کی طرف مجھے لوٹنا ہے۔

۳۷.	اور اسی طرح ہم نے اس قرآن کو عربی زبان میں نازل کیا ہے، اور اگر آپ عقل و دانش آنے کے بعد ان لوگوں کی خواہشوں کے پیچھے چلیں گے تو اللہ کے سامنے نہ تو کوئی آپ کا مددگار ہوگا اور نہ کوئی بچانے والا۔

۳۸.	(اے نبی ﷺ) ہم نے آپ سے پہلے بھی پیغمبر بھیجے تھے اور ان کی بیبیاں اور اولاد بھی تھی، اور کسی پیغمبر کے اختیار کی بات نہ تھی کہ اللہ کے حکم کے بغیر کوئی نشانی لائے، ہر حکم لوح محفوظ میں درج ہے۔

۳۹۔ اللہ جس کو چاہتا ہے مٹا دیتا ہے اور جس کو چاہتا ہے قائم رکھتا ہے، اور اسی کے پاس اصل کتاب ہے۔

۴۰۔ اور اگر ہم کوئی عذاب، جس کا ان لوگوں سے وعدہ کرتے ہیں، آپ کو دکھائیں (تمہارے سامنے ان پر نازل کریں) یا آپ کی زندگی پوری ہونے کے بعد عذاب بھیجیں تو آپ کا کام احکام پہنچا دینا ہے اور ہمارا کام حساب لینا ہے۔

۴۱۔ کیا انہوں نے نہیں دیکھا کہ ہم زمین کو اس کے کناروں سے گھٹاتے چلے آئے ہیں، اور اللہ جیسا چاہتا ہے حکم کرتا ہے، کوئی اس کے حکم کو ٹالنے والا نہیں۔ وہ جلد حساب لینے والا ہے۔

۴۲۔ جو لوگ ان سے پہلے تھے وہ بھی بہتیری چالیں چلتے رہے ہیں، سو سب تدبیر اللہ کے ہی ہاتھ میں ہے۔ ہر شخص جو کچھ کر رہا ہے وہ اسے جانتا ہے اور کافر جلد معلوم کر لیں گے کہ عاقبت کا گھر کس کا ہے۔

۴۳۔ اور کافر لوگ کہتے ہیں، کہ آپ اللہ کے رسول نہیں ہیں، کہہ دیں کہ میرے اور تمہارے درمیان اللہ اور وہ شخص جس کے پاس آسمانی کتاب کا علم ہے گواہ کافی ہے۔

۱۴۔ سورۃ ابراھیم

۱. الرٰ۔ یہ ایک کتاب ہے جو ہم نے آپ کی طرف اتاری تاکہ آپ لوگوں کو اندھیروں سے نکال کر روشنی کی طرف لے جائیں ان کے رب کے حکم سے غالب اور قابل تعریف اللہ کے راستے کی طرف۔

۲. وہ اللہ کہ جو کچھ آسمانوں اور زمین میں ہے سب کچھ اسی کا ہے اور کافروں کے لیے سخت عذاب کی وجہ سے خرابی ہے۔

۳. جو آخرت کی نسبت دنیا کو پسند کرتے اور لوگوں کو اللہ کے راستے سے روکتے اور اس میں خرابی چاہتے ہیں یہ لوگ پرلے درجہ کی گمراہی میں ہیں۔

۴. اور ہم نے کوئی پیغمبر نہیں بھیجا مگر اپنی قوم کی زبان بولتا تھا۔ تاکہ انہیں (اللہ کے احکامات) کھول کھول کر سنا دے، پھر اللہ جسے چاہتا ہے گمراہ کرتا ہے اور جسے چاہتا ہے ہدایت دیتا ہے۔ اور وہ غالب اور حکمت والا ہے۔

۵. اور ہم نے موسیٰ کو اپنی نشانیاں دے کر بھیجا کہ اپنی قوم کو تاریکی سے نکال کر روشنی میں لے جاؤ اور ان کو اللہ کے دن یاد دلاؤ اور اس میں ان لوگوں کے لیے جو صابر و شاکر ہیں (اللہ کی قدرت کی) نشانیاں ہیں۔

۶. اور جب موسیٰ نے اپنی قوم سے کہا کہ اللہ نے جو تم پر مہربانیاں کی ہیں ان کو یاد کرو جب کہ تم کو فرعون کے ہاتھ سے نجات دی، وہ لوگ تمہیں بڑی بڑی سزا دیتے تھے، تمہارے بیٹوں کو مار ڈالتے تھے اور تمہاری لڑکیوں کو زندہ رکھتے تھے اور اس میں تمہارے رب کی طرف سے بڑی سخت آزمائش تھی

۷. اور جب تمہارے رب نے تم کو آگاہ کیا کہ اگر شکر کرو گے تو میں تمہیں زیادہ دوں گا اور اگر ناشکری کرو گے تو یاد رکھو کہ میرا عذاب بھی سخت ہے۔

۸. اور موسیٰ نے کہا کہ اگر تم اور جتنے اور لوگ زمین میں ہیں سب کے سب ناشکری کرو تو اللہ بے نیاز اور قابل تعریف ہے۔

۹. بھلا تم کو ان لوگوں کے حالات کی خبر نہیں پہنچی جو تم سے پہلے تھے، یعنی نوحؑ کی قوم، عاد اور ثمود اور جو ان کے بعد تھے، جن کا علم اللہ کے سوا کسی کو نہیں۔ جب ان کے پاس پیغمبر نشانیاں لے کر آئے تو انہوں نے اپنے ہاتھ ان کے مونہوں پر رکھ دیے (کہ خاموش رہو) اور کہا ہم تو تمہاری رسالت کو مانتے نہیں اور جس چیز کی طرف تم ہمیں بلاتے ہو ہم اس سے بڑے شک میں ہیں۔

۱۰.	ان کے پیغمبروں نے کہا کیا تم کو اللہ کے بارے میں شک ہے، جو آسمانوں اور زمین کا پیدا کرنے والا ہے، وہ تمہیں اس لیے بلاتا ہے کہ تمہارے گناہ بخشے اور فائدہ پہچانے کے لیے ایک مقررہ مدت تک تمہیں مہلت دے، وہ بولے کہ تم تو ہمارے ہی جیسے آدمی ہو۔ تم یہ چاہتے ہو کہ جن چیزوں کو ہمارے بڑے پوجتے رہے ہیں ان کی پوجا سے ہم کو منع کردو، تو اچھا کوئی کھلی دلیل (معجزہ) لاؤ۔

۱۱.	پیغمبر نے ان سے کہا کہ ہاں ہم! تمہارے ہی جیسے آدمی ہیں لیکن اللہ اپنے بندوں میں سے جس کو چاہتا ہے (نبوت دیتا ہے) احسان کرتا ہے اور ہمارے اختیار کی بات نہیں کہ ہم اللہ کے حکم کے بغیر تم کو تمہاری فرمائش کے مطابق معجزہ دکھائیں اور اللہ پر ہی مومنوں کو بھروسا رکھنا چاہیے۔

۱۲.	اور ہم کیوں کر اللہ پر بھروسا نہ رکھیں جب کہ اس نے ہم کو ہمارے دین کے سیدھے راستے بتائے ہیں، اور جو تکلیفیں تم ہم کو دیتے ہو ہم اس پر صبر کریں گے اور بھروسا کرنے والوں کو اللہ ہی پر بھروسا کرنا چاہیے۔

۱۳.	اور جو کافر تھے انہوں نے اپنے پیغمبروں سے کہا کہ یا تو ہم تم کو اپنے ملک سے باہر نکال دیں گے یا تم ہمارے مذہب میں داخل ہو جاؤ۔ تو اللہ رب العزت نے ان کی طرف وحی بھیجی کہ ہم ظالموں کو ہلاک کر دیں گے۔

۱۴۔ اور ان کے بعد تم کو اس زمین میں آباد کریں گے، یہ اس شخص کے لیے ہے جو قیامت کے دن میرے سامنے کھڑا ہونے سے ڈرے اور میرے عذاب سے خوف کھائے۔

۱۵۔ اور پیغمبروں نے اللہ سے اپنی فتح چاہی تو ہر سرکش ضدی نامراد رہ گیا۔

۱۶۔ اس کے پیچھے دوزخ ہے اور اسے پیپ کا پانی پلایا جائے گا۔

۱۷۔ اور وہ اس کو گھونٹ گھونٹ پیے گا اور گلے سے نہیں اتار سکے گا، اور ہر طرف سے اسے موت آ رہی ہو گی مگر وہ مرنے میں نہیں آئے گا۔ اور اس کے پیچھے سخت عذاب ہو گا۔

۱۸۔ جن لوگوں نے اپنے رب سے کفر کیا ان کے اعمال کی مثال راکھ سی ہے کہ آندھی کے دن ان پر زور کی ہوا چلے اور اسے اڑا لے جائے، اسی طرح جو کام وہ کرتے ہیں اس میں کچھ بھی نہ پا سکیں گے یہی تو پرلے درجہ کی گمراہی ہے۔

۱۹۔ کیا آپ نے نہیں دیکھا کہ اللہ نے آسمان اور زمین کو حق کے ساتھ پیدا کیا ہے؟ اگر وہ چاہے تو تم کو ختم کر دے اور تمہاری جگہ نئی مخلوق پیدا کر دے۔

۲۰۔ اور اللہ کے لیے کچھ بھی مشکل نہیں۔

۲۱۔ اور قیامت کے دن سب لوگ اللہ کے سامنے کھڑے ہوں گے پھر کمزور اپنے سے بڑائی والوں سے کہیں گے ہم تو تمہارے تابع تھے کیا تم ہمیں اللہ کے عذاب سے بچا

سکتے ہو؟ وہ کہیں گے کہ اگر اللہ ہم کو ہدایت کرتا تو ہم تم کو ہدایت کرتے اب ہمارے لیے برابر ہے بے قراری کریں یا صبر کریں ہمارے لیے رہائی کی کوئی جگہ نہیں ہے۔

۲۲۔ جب حساب کتاب کا کام ہو چکے گا تو شیطان کہے گا کہ جو وعدہ اللہ نے تم سے کیا تھا وہ سچا تھا اور جو وعدہ میں نے تم سے کیا تھا وہ جھوٹا تھا، اور میرا تم پر کسی طرح کا زور نہ تھا، ہاں میں نے تم کو گمراہی کی طرف بلایا تو تم نے جلدی سے میری بات مان لی، تو آج مجھے ملامت نہ کرو اپنے آپ ہی کو ملامت کرو، نہ میں تمہاری فریاد رسی کر سکتا ہوں اور نہ تم میری فریاد رسی کر سکتے ہو۔ میں اس بات سے انکار کرتا ہوں کہ تم پہلے مجھے شریک بناتے تھے، بیشک جو ظالم ہیں ان کے لیے درد دینے والا عذاب ہے۔

۲۳۔ اور جو ایمان لائے اور نیک عمل کیے وہ بہشتوں میں داخل کیے جائیں گے، جن کے نیچے نہریں بہہ رہی ہیں، اپنے رب کے حکم سے ہمیشہ ان میں رہیں گے۔ وہاں ان کی ملاقات کا تحفہ سلام ہے

۲۴۔ کیا آپ نے نہیں دیکھا کہ اللہ نے پاک کلمے کی کیسی مثال بیان فرمائی ہے وہ ایسی ہے جیسے پاکیزہ درخت، جس کی جڑ مضبوط (زمین کو پکڑے ہوئے ہو) اور شاخیں آسمان میں ہوں۔

۲۵۔ اپنے رب کے حکم سے ہر وقت پھل لاتا اور میوے دیتا ہو۔ اور اللہ لوگوں کے لیے مثالیں بیان فرماتا ہے تاکہ وہ نصیحت پکڑیں۔

۲۶.	اور ناپاک کلمے کی مثال ناپاک درخت کی سی ہے (نہ جڑ مضبوط اور نہ شاخیں بلند) زمین کے اوپر ہی سے اکھاڑ کر پھینک دیا جائے اور وہ ہر گز مضبوط نہیں ہوتا۔

۲۷.	اللہ مومنوں کے دلوں کو ٹھیک اور پکی بات سے دنیا کی زندگی میں بھی مضبوط رکھتا ہے، اور آخرت میں بھی رکھے گا۔ اللہ بے انصافوں کو گمراہ کر دیتا ہے اور اللہ جو چاہتا ہے کرتا ہے۔

۲۸.	کیا تم نے ان کو نہیں دیکھا جنہوں نے اللہ کے احسان کو ناشکری میں بدل دیا۔ اور اپنی قوم کو تباہی کے گھر اتارا۔

۲۹.	وہ گھر دوزخ ہے، سب ناشکرے اس میں داخل ہوں گے اور وہ برا ٹھکانا ہے۔

۳۰.	اور ان لوگوں نے اللہ کے شریک مقرر کیے کہ لوگوں کو اس کے راستے سے گمراہ کریں کہہ دو کہ چند روز فائدے اٹھا لو، آخر کار تم کو دوزخ کی طرف لوٹ کر جانا ہے۔

۳۱.	(اے پیغمبر ﷺ!) میرے مومن بندوں سے کہہ دو کہ نماز پڑھا کریں اور اس دن کے آنے سے پیشتر جس میں نہ اعمال کا سودا ہو گا اور نہ دوستی کام آئے گی ہمارے دیے ہوئے مال میں سے درپردہ اور ظاہر خرچ کرتے رہیں۔

۳۲.	اللہ ہی تو ہے جس نے آسمانوں اور زمین کو پیدا کیا، اور آسمان سے مینہ برسایا، پھر اس سے تمہارے کھانے کے لیے پھل پیدا کیے، کشتیوں اور جہازوں کو تمہارے زیر فرمان کیا، تاکہ دریا اور سمندر میں اس کے حکم سے چلیں اور نہروں کو بھی تمہارے زیر فرمان کیا۔

۳۳.   سورج اور چاند کو تمہارے کام میں لگا دیا کہ دونوں دن رات ایک دستور پر چل رہے ہیں۔ رات اور دن کو بھی تمہاری خدمت میں لگا دیا۔

۳۴.   اور جو کچھ تم نے مانگا سب میں سے تم کو عنایت کیا اور اگر اللہ کے احسان گننے لگو تو شمار نہ کر سکو (مگر لوگ نعمتوں کا شکر نہیں کرتے) یقیناً انسان بڑا بے انصاف اور ناشکرا ہے

۳۵.   اور جب ابراہیمؑ نے دعا کی کہ میرے رب! اس شہر کو لوگوں کے لیے امن کی جگہ بنا دے مجھے اور میری اولاد کو اس بات سے کہ بتوں کی پرستش کرنے لگیں، بچائے رکھ۔

۳۶.   (اور جب ابراہیمؑ نے دعا کی کہ) اے میرے رب! انہوں نے بہت سے لوگوں کو گمراہ کیا ہے، سو جس شخص نے میرا کہا مانا وہ میرا ہے، اور جس نے میری نافرمانی کی تو تو بخشنے والا مہربان ہے۔

۳۷.   اے میرے رب! میں نے اپنی اولاد (میدان مکہ میں) جہاں کھیتی نہیں ہوتی تیرے عزت و ادب والے گھر کے پاس لا بسائی ہے، اے میرے رب! تاکہ وہ نماز قائم کریں تو لوگوں کے دلوں کو ایسا کر دے کہ ان کی طرف جھکے رہیں اور ان کو میووں سے روزی دے تاکہ تیرا شکر کریں۔

۳۸.   اے اللہ! جو بات ہم چھپاتے اور جو ظاہر کرتے ہیں تو سب جانتا ہے اور اللہ سے کوئی چیز پوشیدہ نہیں، نہ زمین میں اور نہ آسمان میں۔

۳۹. اللہ کا شکر ہے جس نے مجھے بڑی عمر میں اسماعیلؑ اور اسحاقؑ بخشے۔ بیشک میرا رب دعاؤں کا سننے والا ہے۔

۴۰. اے اللہ! مجھے ایسی توفیق دے کہ نماز قائم کرتا رہوں اور میری اولاد کو بھی یہ توفیق بخش، اے رب العالمین! میری دعا قبول فرما۔

۴۱. اے اللہ! حساب کتاب کے دن مجھے اور میرے ماں باپ کو اور مومنوں کو بخش دینا۔

۴۲. اور مومنو! مت خیال کرنا کہ یہ ظالم جو عمل کر رہے ہیں اللہ ان سے بیخبر ہے، وہ ان کو اس دن تک مہلت دے رہا ہے جب کہ دہشت کے سبب آنکھیں کھلی کی کھلی رہ جائیں گی۔

۴۳. اور لوگ سر اٹھائے ہوئے (میدان قیامت کی طرف) دوڑ رہے ہوں گے، ان کی نگاہیں ان کی طرف لوٹ نہ سکیں گی اور ان کے دل مارے خوف کے ہوا ہو رہے ہوں گے

۴۴. اور لوگوں کو اس دن سے آگاہ کر دو جب ان پر عذاب آ جائے گا۔ تب ظالم لوگ کہیں گے اے ہمارے رب! ہمیں تھوڑی مدت مہلت کی عطا کر دے، تا کہ تیری دعوت (توحید) قبول کر لیں، اور (تیرے) پیغمبروں کے پیچھے چلیں (تو جواب ملے گا) کیا تم پہلے قسمیں نہیں کھایا کرتے تھے کہ تم کو (اس حال سے جس میں تم) ہو زوال (اور قیامت کو اعمال کا حساب) نہیں ہو گا۔

۴۵. اور جو لوگ اپنے اوپر ظلم کرتے تھے، تم ان کے مکانوں میں رہتے تھے، اور تم پر ظاہر ہو چکا تھا کہ ہم نے ان لوگوں کے ساتھ کس طرح کا معاملہ کیا تھا، اور تمہارے (سمجھانے کے) لیے مثالیں بیان کر دی تھیں۔

۴۶. اور انہوں نے بڑی بڑی تدبیریں کیں اور ان کی سب تدبیریں اللہ کے ہاں لکھی ہوئی ہیں، گو وہ تدبیریں ایسی غضب کی تھیں کہ ان سے پہاڑ بھی ٹل جائیں۔

۴۷. تو ایسا خیال نہ کرنا کہ اللہ نے جو اپنے پیغمبروں سے وعدہ کیا ہے اس کے خلاف کرے گا۔ بیشک اللہ زبردست بدلہ لینے والا ہے۔

۴۸. جس دن یہ زمین دوسری زمین سے بدل دی جائے گی اور آسمان بھی بدل دیے جائیں گے اور لوگ زبردست اکیلے اللہ کے سامنے نکل کھڑے ہوں گے۔

۴۹. اور اس دن آپ گنہگاروں کو دیکھیں گے کہ زنجیروں میں جکڑے ہوئے ہیں

۵۰. ان کے کرتے گندھک کے ہوں گے اور ان کے مونہوں کو آگ لپٹ رہی ہوگی۔

۵۱. یہ اس لیے کہ اللہ ہر شخص کو اس کے اعمال کا بدلہ دے گا، بیشک اللہ جلد حساب لینے والا ہے۔

۵۲. یہ قرآن لوگوں کے نام اللہ کا پیغام ہے تاکہ ان کو اللہ سے ڈرایا جائے اور تاکہ وہ جان لیں کہ وہی اکیلا معبود ہے، اور تاکہ اہل عقل نصیحت پکڑیں۔

۱۵۔ سورۃ الحجر

۱. الٓرٰ۔ یہ اللہ کی کتاب اور روشن قرآن کی آیتیں ہیں۔

۲. کسی وقت کفار یہ آرزو کریں گے کہ کاش وہ مسلمان ہوتے۔

۳. (اے محمد صلی اللہ علیہ وآلہ وسلم!) ان کو ان کے حال پر رہنے دیں کہ کھالیں اور فائدے اٹھالیں اور امیدیں انہیں غافل کیے رکھیں سو آئندہ معلوم کرلیں گے۔

۴. اور ہم نے کوئی بستی ہلاک نہیں کی مگر اس کا وقت معین تھا۔

۵. کوئی جماعت اپنی وفات کے وقت سے نہ آگے نکل سکتی ہے نہ پیچھے رہ سکتی ہے۔

۶. اور کفار کہتے ہیں کہ اے شخص جس پر نصیحت کی کتاب نازل ہوئی ہے تو تو دیوانہ ہے۔

۷. اگر تو سچا ہے تو ہمارے پاس فرشتوں کو کیوں نہیں لے آتا۔

۸۔ فرما دیں ہم فرشتوں کو نازل نہیں کیا کرتے مگر حق کے ساتھ اور اس وقت ان کو مہلت نہیں ملتی۔

۹۔ بیشک یہ نصیحت کی کتاب ہم ہی نے اتاری ہے اور ہم ہی اس کے نگہبان ہیں۔

۱۰۔ اور ہم نے آپ سے پہلے لوگوں میں بھی پیغمبر بھیجے تھے۔

۱۱۔ اور ان کے پاس کوئی پیغمبر نہیں آتا تھا، مگر وہ اس کے ساتھ مذاق کرتے تھے۔

۱۲۔ اسی طرح ہم اس کو گنہگاروں کے دل میں بٹھا دیتے ہیں۔

۱۳۔ سو وہ اس پر ایمان نہیں لاتے اور پہلوں کا بھی یہی طریقہ رہا ہے۔

۱۴۔ اور اگر ہم آسمان پر کوئی دروازہ ان پر کھول دیں اور وہ اس میں چڑھنے بھی لگیں۔

۱۵۔ تو بھی یہی کہیں گے کہ ہماری نظر بندی کی گئی ہے، بلکہ ہم پر جادو کر دیا گیا ہے۔

۱۶۔ اور ہم نے ہی آسمان میں برج بنائے اور دیکھنے والوں کے لیے ان کو سجا دیا۔

۱۷۔ اور ہر شیطان راندہ درگاہ سے اسے محفوظ کر دیا۔

۱۸۔ ہاں! اگر کوئی چوری سے سننا چاہے تو چمکتا ہوا انگارا اس کے پیچھے لپکتا ہے۔

۱۹۔ اور زمین کو بھی ہم ہی نے پھیلایا، اور اس میں پہاڑ بنا کر رکھ دیے اور اس میں ہر چیز اندازے سے اگائی گئی۔

۲۰۔ اور ہم ہی نے تمہارے لیے، اور ان مخلوقات کے لیے جن کو تم روزی نہیں دیتے، اس میں معاش کے سامان پیدا کر دیے۔

۲۱۔ اور ہمارے ہاں ہر چیز کے خزانے ہیں اور ہم ان کو مناسب مقدار میں اتارتے رہتے ہیں۔

۲۲۔ اور ہم ہی ہوائیں چلاتے ہیں جو بادلوں کے پانی سے بھری ہوئی ہوتی ہیں، اور ہم ہی آسمان سے مینہ برساتے ہیں اور ہم ہی تم کو اس کا پانی پلاتے ہیں، اور تم اس کا خزانہ نہیں رکھتے۔

۲۳۔ اور ہم ہی حیات بخشتے اور ہم ہی موت دیتے ہیں اور ہم سب کے وارث ہیں۔

۲۴۔ اور جو لوگ تم میں سے پہلے گزر چکے ہیں ہم کو معلوم ہیں اور جو پیچھے آنے والے ہیں وہ بھی ہم کو معلوم ہیں۔

۲۵۔ اور تمہارا پروردگار قیامت کے دن ان سب کو جمع کرے گا وہ بڑا دانا اور خبردار ہے۔

۲۶۔ اور ہم نے انسان کو کھنکھناتے سڑے ہوئے گارے سے پیدا کیا۔

۲۷۔ اور جنوں کو اس سے بھی پہلے لو کی آگ سے (بغیر دھوئیں کی آگ) سے پیدا کیا تھا۔

۲۸۔ اور جب تمہارے رب نے فرشتوں سے فرمایا کہ میں سڑے ہوئے کھنکھناتے گارے سے ایک بشر بنانے والا ہوں۔

۲۹. جب اس کو درست (صورت انسانی) کرلوں اور اس میں اپنی روح میں سے پھونک دوں تو اس کے آگے سجدے میں گر پڑنا۔

۳۰. تب سب فرشتوں نے مل کر سجدہ کیا۔

۳۱. مگر شیطان، کہ اس نے سجدہ کرنے والوں کے ساتھ ہونے سے انکار کیا۔

۳۲. اللہ نے فرمایا کہ ابلیس !تجھے کیا ہوا کہ تو سجدہ کرنے والوں کے ساتھ شامل نہ ہوا۔

۳۳. اس نے کہا کہ میں ایسا نہیں ہوں کہ انسان جسے تو نے کھنکھاتے سڑے ہوئے گارے سے بنایا ہے سجدہ کروں۔

۳۴. اللہ نے فرمایا یہاں سے نکل جا تو مردود ہے۔

۳۵. اور تجھ پر قیامت کے دن تک لعنت برسے گی۔

۳۶. اس نے کہا کہ پروردگار مجھے اس دن تک مہلت دے جب لوگ مرنے کے بعد زندہ کیے جائیں گے۔

۳۷. فرمایا کہ تجھے مہلت دی جاتی ہے۔

۳۸. وقت مقرر یعنی قیامت کے دن تک۔

۳۹. اس نے کہا کہ اے رب !جیسا تو نے مجھے راستہ سے الگ کیا ہے، میں بھی زمین میں لوگوں کے لیے گناہوں کو آراستہ کرکے دکھاؤں گا اور سب کو بہکاؤں گا۔

۴۰. ہاں ان میں جو تیرے مخلص بندے ہیں (ان پر قابو پانا مشکل ہے۔)

۴۱. اللہ نے فرمایا کہ مجھ تک پہنچنے کا یہی راستہ ہے۔

۴۲. جو میرے مخلص بندے ہیں ان پر تجھے کچھ قدرت نہیں (کہ ان کو گناہ میں ڈال سکے،) ہاں! بد راہوں میں سے جو تیرے پیچھے چل پڑے۔

۴۳. اور ان سب کے وعدے کی جگہ جہنم ہے۔

۴۴. اس کے سات دروازے ہیں، ہر ایک دروازے کے لیے ان میں سے جماعتیں تقسیم کر دی گئی ہیں۔

۴۵. جو متقی ہیں وہ باغوں اور چشموں میں ہوں گے۔

۴۶. ان سے کہا جائے گا ان میں امن والے سلامتی سے داخل ہو جاؤ۔

۴۷. اور ان کے دلوں میں جو کدورت ہوگی اس کو ہم نکال کر صاف کر دیں گے وہ (گویا بھائی بھائی ہو کر) تختوں پر آمنے سامنے بیٹھے ہوئے ہیں۔

۴۸. نہ ان کو وہاں کوئی تکلیف پہنچے گی اور نہ وہاں سے نکالے جائیں گے۔

۴۹. (اے پیغمبر ﷺ!) میرے بندوں کو بتا دو کہ میں بڑا بخشنے والا اور مہربان ہوں۔

۵۰. اور یہ کہ میرا عذاب بھی دردناک عذاب ہے۔

۵۱. اور ان کو ابراہیمؑ کے مہمانوں کا حال سنا دو۔

۵۲. جب وہ (فرشتے) ابراہیمؑ کے پاس آئے تو سلام کیا۔ انہوں نے کہا کہ ہم کو تو تم سے ڈر لگتا ہے۔

۵۳۔ انہوں نے کہا ڈریں نہیں! ہم آپ کو ایک دانش مند لڑکے کی خوشخبری دیتے ہیں۔

۵۴۔ وہ بولے جب میں بوڑھا ہو چکا تو تم مجھے خوشخبری دیتے ہو۔

۵۵۔ وہ بولے ہم آپ کو سچی خوشخبری دیتے ہیں آپ مایوس نہ ہوں۔

۵۶۔ (ابراہیمؑ نے) کہا اللہ کی رحمت سے میں مایوس کیوں ہونے لگا اس سے مایوس ہونا گمراہوں کا کام ہے۔

۵۷۔ پھر کہنے لگے فرشتو! تمہیں اور کیا کام ہے؟

۵۸۔ انہوں نے کہا ہم ایک گنہگار قوم کی طرف بھیجے گئے ہیں کہ اس کو عذاب دیں۔

۵۹۔ مگر لوطؑ کے گھر والے کہ ان سب کو ہم بچا لیں گے۔

۶۰۔ البتہ ان کی بیوی کہ اس کے لیے ہم نے ٹھہرا دیا ہے کہ وہ پیچھے رہ جائے گی۔

۶۱۔ پھر جب فرشتے لوطؑ کے گھر گئے۔

۶۲۔ تو لوطؑ نے کہا تم تو ناآشنا (غیر) سے لوگ ہو۔

۶۳۔ وہ بولے نہیں بلکہ ہم آپ کے پاس وہ چیز لے کر آئے ہیں جس میں لوگ شک کرتے تھے۔

۶۴۔ اور ہم آپ کے پاس یقینی بات لے کر آئے ہیں اور ہم سچ کہتے ہیں۔

۶۵.   تو آپ کچھ رات رہے سے (پچھلی رات) اپنے گھر والوں کو لے نکلیں اور خود ان کے پیچھے چلیں اور آپ میں سے کوئی شخص پیچھے مڑ کر نہ دیکھے اور جہاں آپ کو حکم ہو وہاں چلے جائیں۔

۶۶.   اور ہم نے لوطؑ کی طرف وحی بھیجی کہ ان لوگوں کی جڑ صبح ہوتے ہوتے کاٹ دی جائے گی۔

۶۷.   اور اہل شہر لوطؑ کے پاس خوش خوش دوڑتے ہوئے آئے۔

۶۸.   لوطؑ نے کہا یہ میرے مہمان ہیں کہیں ان کے بارے میں مجھے رسوا نہ کرنا۔

۶۹.   اللہ سے ڈرو اور میری بے آبروئی نہ کرنا۔

۷۰.   وہ بولے ہم نے تم کو سارے جہان کی حمایت سے منع نہیں کیا۔

۷۱.   انہوں نے کہا اگر تمہیں کرنا ہی ہے تو یہ میری قوم کی لڑکیاں ہیں ان سے شادی کر لو۔

۷۲.   (اے نبی ﷺ!) آپ کی جان کی قسم وہ اپنی مستی میں مدہوش ہو رہے تھے۔

۷۳.   سو ان کو سورج نکلتے نکلتے چنگھاڑ نے آ پکڑا۔

۷۴.   اور ہم نے اس شہر کو الٹ کر نیچے اوپر کر دیا اور ان پر کھنگر کی پتھریاں برسائیں۔

۷۵.   بیشک اس قصے میں اہل فراست (عقلمندوں) کے لیے نشانیاں ہیں۔

۷۶.   اور وہ شہر اب تک سیدھے رستے پر موجود ہے۔

۷۷۔ بیشک اس میں ایمان لانے والوں کے لیے نشانی ہے۔

۷۸۔ اور بن کے رہنے والے، یعنی قوم شعیبؑ کے لوگ بھی ظالم تھے۔

۷۹۔ گو ہم نے ان سے بھی بدلہ لیا اور یہ دونوں شہر کھلے رستے پر موجود ہیں۔

۸۰۔ اور وادیِ حجر کے رہنے والوں نے بھی پیغمبروں کی تکذیب کی (جھٹلایا۔)

۸۱۔ ہم نے ان کو اپنی نشانیاں دیں اور وہ ان سے منہ پھیرتے رہے۔

۸۲۔ اور وہ پہاڑوں کو تراش کر گھر بناتے تھے کہ امن و سکون سے رہیں گے۔

۸۳۔ تو چیخ نے صبح ہوتے ہوتے ان کو آ پکڑا۔

۸۴۔ اور جو وہ (پتھر کے مکان وغیرہ) بنایا کرتے تھے ان کے کچھ بھی کام نہ آئے۔

۸۵۔ اور ہم نے آسمانوں اور زمین اور جو کچھ ان کے درمیان ہے نہیں پیدا کیا مگر حق کے ساتھ (تدبیر سے پیدا کیا ہے) اور بیشک قیامت تو آنے ہی والی ہے، پس آپ ان کے ساتھ عمدگی سے در گزر کریں۔

۸۶۔ کچھ شک نہیں کہ تمہارا رب سب کچھ پیدا کرنے والا اور جاننے والا ہے۔

۸۷۔ ہم نے آپ کو سات ایسی آیتیں دے رکھی ہیں جو بار بار دہرائی جانے کے لائق ہیں اور آپ کو قرآن عظیم عطا کیا ہے۔

۸۸.	آپ اس متاعِ دنیا کی طرف آنکھ اٹھا کر نہ دیکھیں جو ہم نے ان میں سے مختلف لوگوں کو دے رکھا ہے اور نہ ان کے حال پر غمزدہ ہوں اور (انہیں چھوڑ کر) ایمان لانے والوں کے لیے تواضع سے پیش آئیں۔

۸۹.	اور فرما دیں کہ میں تو اعلانیہ ڈر سنانے والا ہوں۔

۹۰.	اور ہم ان کفار پر اس طرح عذاب نازل فرمائیں گے جس طرح ان لوگوں پر نازل کیا جنھوں نے علیحدہ علیحدہ کر دیا۔

۹۱.	قرآن (تورات) کو (کچھ ماننے اور کچھ نہ ماننے سے) ٹکڑے ٹکڑے کر دیا۔

۹۲.	آپ کے رب کی قسم ہم ان سے ضرور پوچھیں گے۔

۹۳.	ان کاموں کی بابت جو وہ کرتے رہے۔

۹۴.	پس جو حکم آپ کو اللہ کی طرف سے ملا ہے وہ لوگوں کو سنا دیں اور مشرکوں کا ذرا بھی خیال نہ کریں۔

۹۵.	آپ سے مذاق کرنے والوں کو ہم کافی ہیں۔

۹۶.	جو اللہ کے ساتھ معبود بناتے ہیں عنقریب ان کو ان باتوں کا انجام معلوم ہو جائے گا۔

۹۷.	اور ہم جانتے ہیں کہ ان باتوں سے آپ کا دل تنگ ہوتا ہے۔

۹۸۔ تو آپ اپنے رب کی تسبیح کرتے رہیں اور اس کی خوبیاں بیان کرتے رہیں اور سجدہ کرنے والوں میں داخل رہیں۔

۹۹۔ اور اپنے رب کی عبادت کیے جائیں یہاں تک کہ آپ کی موت کا وقت آ جائے

۱۶۔ سورۃ النحل

۱۔ اللہ کا حکم (عذاب) گویا آ ہی پہنچا تو اس کے لیے جلدی مت کرو، یہ لوگ جو اللہ کا شریک بناتے ہیں وہ اس سے پاک اور بالاتر ہے۔

۲۔ وہی فرشتوں کو پیغام دے کر اپنے حکم سے اپنے بندوں میں سے جس کے پاس چاہتا ہے بھیجتا ہے کہ لوگوں کو بتا دو کہ میرے سوا کوئی معبود نہیں تو مجھ ہی سے ڈرو۔

۳۔ اسی نے آسمانوں اور زمین کو حق سے پیدا کیا ہے، اس کی ذات ان کافروں کے شرک سے اونچی ہے۔

۴۔ اسی نے انسان کو نطفے سے بنایا مگر (وہ اس خالق کے بارے میں) کھلم کھلا جھگڑنے لگا۔

۵۔ اور چارپایوں کو بھی اسی نے پیدا کیا ان میں تمہارے لیے گرم کپڑے اور بہت سے فائدے ہیں اور ان میں سے بعض کو تم کھاتے بھی ہو۔

۶۔ اور جب شام کو انہیں چرا کر لاتے ہو اور جب صبح ان کو چرانے لے جاتے ہو تو ان سے تمہاری عزت و شان ہے۔

۷۔ اور دور دراز شہر میں جہاں تم بغیر انتہائی مشقت کے جا نہیں سکتے وہ تمہارے بوجھ اٹھا کر لے جاتے ہیں کچھ شک نہیں کہ تمہارا رب نہایت شفقت کرنے والا مہربان ہے۔

۸۔ اور اسی نے گھوڑے، خچر اور گدھے پیدا کیے تاکہ تم ان پر سوار ہو اور وہ تمہارے لیے رونق اور زینت بھی ہیں اور وہ اور بھی چیزیں پیدا کرے گا جن کی تمہیں خبر نہیں۔

۹۔ اور سیدھا راستہ تو اللہ تک جا پہنچتا ہے۔ اور بعض رستے ٹیڑھے ہیں (وہ اس تک نہیں پہنچتے) اور اگر وہ چاہتا تو سب کو سیدھے رستے پر چلا دیتا۔

۱۰۔ وہی تو ہے جس نے آسمان سے پانی برسایا جسے تم پیتے ہو اور اس سے درخت بھی سرسبز ہوتے ہیں جن میں تم اپنے چارپایوں کو چراتے ہو۔

۱۱۔ اسی پانی سے وہ تمہارے لیے کھیتی، زیتون، کھجور، انگور اور بیشمار درخت اگاتا ہے اور ہر طرح کے پھل پیدا کرتا ہے۔ غور کرنے والوں کے لیے اس میں اللہ کی قدرت کی بڑی نشانی ہے۔

۱۲۔ اور اسی نے تمہارے لیے رات، دن، سورج اور چاند کو کام میں لگایا اور اسی کے حکم سے ستارے بھی کام میں لگے ہوئے ہیں۔ سمجھنے والوں کے لیے اس میں اللہ کی قدرت کی بہت سی نشانیاں ہیں۔

۱۳۔ اور جو طرح طرح کے رنگوں کی چیزیں اس نے زمین میں پیدا کیں سب تمہارے زیر فرمان کر دیں نصیحت پکڑنے والوں کے لیے اس میں نشانی ہے۔

۱۴۔ اور وہی تو ہے جس نے دریا کو تمہارے اختیار میں کیا۔ تاکہ اس میں سے تازہ گوشت کھاؤ۔ اور اس سے زیور موتی وغیرہ نکالو جسے تم پہنتے ہو۔ اور تم دیکھتے ہو کہ کشتیاں دریا میں پانی کو پھاڑتی چلی جاتی ہیں اور اس لیے بھی دریا کو تمہارے اختیار میں کیا کہ تم اللہ کا فضل (معاش) تلاش کرو تاکہ اس کا شکر ادا کر سکو۔

۱۵۔ اور اس نے زمین پر پہاڑ بنا کر رکھ دیے کہ تم کو لے کر کہیں جھک نہ جائے اور نہریں بھی بنائیں اور راستے بنا دیے تاکہ ایک جگہ سے دوسری جگہ تک آسانی سے جا سکو۔

۱۶۔ اور (راستوں میں) نشانات بنا دیے اور لوگ ستاروں سے بھی رستے معلوم کرتے ہیں۔

۱۷۔ تو جو اتنی مخلوقات پیدا کرے بھلا وہ اس کے برابر ہے جو کچھ بھی پیدا نہ کر سکے تو پھر تم غور کیوں نہیں کرتے؟

۱۸۔ اور اگر تم اللہ کی نعمتوں کو شمار کرنا چاہو تو گن نہ سکو۔ بیشک اللہ بخشنے والا مہربان ہے۔

۱۹۔ اور جو کچھ تم چھپاتے اور جو کچھ تم ظاہر کرتے ہو سب سے اللہ واقف ہے۔

۲۰. اور جن لوگوں کو یہ اللہ کے سوا پکارتے ہیں وہ کوئی چیز بھی تو پیدا نہیں کر سکتے بلکہ وہ خود پیدا کیے گئے ہیں۔

۲۱. وہ مردے ہیں زندہ تو نہیں، ان کو یہ بھی تو معلوم نہیں کہ اٹھائے کب جائیں گے۔

۲۲. تمہارا معبود تو اکیلا ہے تو جو آخرت پر ایمان نہیں رکھتے ان کے دل انکار کر رہے ہیں اور وہ سرکش ہو رہے ہیں۔

۲۳. یہ جو کچھ چھپاتے ہیں اور جو ظاہر کرتے ہیں اللہ اس کو ضرور جانتا ہے۔ وہ اللہ سرکشوں کو ہرگز پسند نہیں کرتا۔

۲۴. اور جب ان کفار سے کہا جاتا ہے کہ تمہارے رب نے کیا اتارا ہے؟ تو کہتے ہیں کہ وہ تو پہلے لوگوں کی حکایتیں ہیں۔

۲۵. (اے پیغمبر ﷺ!) ان کو بکنے دو یہ قیامت کے دن اپنے اعمال کے پورے بوجھ بھی اٹھائیں گے اور جن کو یہ بے تحقیق گمراہ کرتے ہیں ان کے بوجھ بھی اٹھائیں گے، سن لو کہ جو بوجھ اٹھا رہے ہیں برے ہیں۔

۲۶. ان سے پہلے لوگوں نے بھی ایسی ہی مکاریاں کی تھیں تو اللہ کا حکم ان کی عمارتوں کے ستونوں پر آ پہنچا اور چھت ان پر اوپر سے آ گری اور ایسی طرف سے ان پر عذاب آ واقع ہوا جہاں سے ان کو خیال بھی نہ تھا۔

۲۷۔ پھر وہ ان کو قیامت کے دن بھی ذلیل کرے گا اور کہے گا میرے وہ شریک کہاں ہیں؟ جن کے بارے میں تم جھگڑا کرتے تھے جن لوگوں کو علم دیا گیا تھا وہ کہیں گے آج کافروں کی رسوائی اور برائی ہے۔

۲۸۔ ان کا حال یہ ہے کہ فرشتے جب ان کی روحیں قبض کرنے لگتے ہیں اور یہ اپنے ہی حق میں ظلم کرنے والے ہوتے ہیں تب وہ اطاعت ظاہر کرتے ہوئے کہیں گے ہم کوئی برا کام نہیں کرتے تھے۔ ہاں! جو کچھ تم کیا کرتے تھے اللہ اسے خوب جانتا ہے۔

۲۹۔ سو دوزخ کے دروازوں سے داخل ہو جاؤ، ہمیشہ اس میں رہو گے، اب تکبر کرنے والوں کا برا ٹھکانا ہے۔

۳۰۔ اور جب پرہیزگاروں سے پوچھا جاتا ہے کہ تمہارے پروردگار نے کیا نازل کیا ہے؟ تو کہتے ہیں کہ بہترین کلام جو لوگ نیکوکار ہیں ان کے لیے اس دنیا میں بھلائی ہے اور آخرت کا گھر تو بہت ہی اچھا ہے اور پرہیزگاروں کا گھر بہت خوب ہے۔

۳۱۔ وہ ہمیشہ رہنے والے بہشت ہیں جن میں وہ داخل ہوں گے ان کے نیچے نہریں بہہ رہی ہیں وہاں جو چاہیں گے ان کو ملے گا۔ اللہ پرہیزگاروں کو ایسا ہی بدلہ دیتا ہے۔

۳۲۔ ان کی حالت یہ ہے کہ جب فرشتے ان کی جانیں نکالنے لگتے ہیں اور یہ (کفر و شرک سے) پاک ہوتے ہیں تو سلام علیکم کہتے ہیں اور کہتے ہیں جو عمل تم کیا کرتے تھے ان کے بدلے میں بہشت میں داخل ہو جاؤ۔

۳۳۔ کیا یہ کافر اس بات کے منتظر ہیں کہ فرشتے ان کے پاس جان نکالنے آئیں یا تمہارے رب کے عذاب کا حکم آپہنچے اسی طرح ان لوگوں نے کیا تھا جو ان سے پہلے تھے اور اللہ نے ان پر ظلم نہیں کیا، بلکہ وہ خود اپنے آپ پر ظلم کرتے تھے۔

۳۴۔ تو ان کو ان کے اعمال کے برے بدلے ملے اور جس چیز کے ساتھ وہ ٹھٹھے کیا کرتے تھے اس نے ان کو ہر طرف سے گھیر لیا۔

۳۵۔ اور مشرک کہتے ہیں اگر اللہ چاہتا تو نہ ہم ہی اس کے سوا کسی چیز کو پوجتے اور نہ ہمارے بڑے ہی پوجتے اور نہ اس کے فرمان کے بغیر ہم کسی چیز کو حرام ٹھہراتے۔ (اے پیغمبرﷺ!) اسی طرح ان سے اگلے لوگوں نے کیا تھا، تو پیغمبروں کے ذمے اللہ کے احکام کو کھول کر سنا دینے کے سوا اور کچھ نہیں۔

۳۶۔ اور ہم نے ہر جماعت میں پیغمبر بھیجا کہ اللہ ہی کی عبادت کرو۔ اور بتوں کی پوجا سے بچو، اور ان میں بعض ایسے ہیں جن کو اللہ نے ہدایت دی اور بعض ایسے ہیں جن پر گمراہی ثابت ہوئی تو زمین پر چل پھر کر دیکھ لو کہ جھٹلانے والوں کا انجام کیا ہوا۔

۳۷۔ اگر آپ ان کفار کی ہدایت کی خواہش کریں تو جس کو اللہ گمراہ کر دے اس کو ہدایت نہیں دیا کرتا۔ اور ایسے لوگوں کا کوئی مددگار بھی نہیں ہوتا۔

۳۸۔ اور یہ اللہ کی سخت قسمیں کھاتے ہیں کہ جو مر جائے گا اسے اللہ قبر سے نہیں اٹھائے گا۔ ہرگز نہیں۔ یہ اللہ کا وعدہ سچا ہے، اور اسے وہ ضرور پورا کرے گا۔ لیکن اکثر لوگ نہیں جانتے۔

۳۹۔ تاکہ جن باتوں میں یہ اختلاف کرتے ہیں وہ ان پر ظاہر کر دے اور اس لیے کہ کافر جان لیں کہ وہ جھوٹے تھے۔

۴۰۔ جب ہم کسی چیز کا ارادہ کرتے ہیں تو ہماری بات یہی ہے کہ اس کو کہہ دیتے ہیں کہ ہو جا تو وہ ہو جاتی ہے۔

۴۱۔ اور جن لوگوں نے ظلم سہنے کے بعد اللہ کے لیے وطن چھوڑا ہم ان کو دنیا میں اچھا ٹھکانا دیں گے اور آخرت کا اجر تو بہت بڑا ہے، کاش وہ اسے جانتے۔

۴۲۔ وہ لوگ جو صبر کرتے ہیں اور اپنے پروردگار پر بھروسا رکھتے ہیں۔

۴۳۔ اور ہم نے آپ سے پہلے مردوں ہی کو پیغمبر بنا کر بھیجا تھا جن کی طرف ہم وحی بھیجا کرتے تھے اگر تم لوگ نہیں جانتے تو اہل کتاب سے پوچھ لو۔

۴۴۔ اور ان پیغمبروں کو دلیلیں اور کتابیں دے کر بھیجا تھا اور ہم نے آپ پر بھی یہ کتاب نازل کی ہے تاکہ جو ارشادات لوگوں پر نازل ہوئے ہیں وہ ان پر ظاہر کر دیں اور تاکہ وہ غور کریں۔

۴۵. کیاجولوگ بری بری چالیں چلتے ہیں اس بات سے بے خوف ہیں کہ اللہ ان کوزمین میں دھنسا دے یاایسی طرف سے ان پر عذاب آجائے جہاں سے ان کوخبر ہی نہ ہو۔

۴۶. یاان کوچلتے پھرتے پکڑلے وہ اللہ کوعاجز نہیں کرسکتے۔

۴۷. یاوہ کمزورہوکرتباہ ہوجائیں یہ ان کو پکڑے، بیشک تمہاراپروردگاربہت شفقت کرنے والااورمہربان ہے۔

۴۸. کیاان لوگوں نے اللہ کی مخلوقات میں سے ایسی چیزیں نہیں دیکھیں جن کے سائے دائیں سے (بائیں کو) اوربائیں سے (دائیں کو) لوٹتے رہتے ہیں یعنی اللہ کے آگے عاجزہوکرسجدے میں پڑے رہتے ہیں۔

۴۹. اورتمام جاندارجوآسمانوں میں ہیں اورزمین میں ہیں سب اللہ کے آگے سجدہ کرتے ہیں اورفرشتے بھی۔ اوروہ ذراغرورنہیں کرتے۔

۵۰. اوراپنے رب سے جوان کے اوپرہے ڈرتے ہیں اورجوان کوکہاجاتاہے اس پر عمل کرتے ہیں۔

۵۱. اوراللہ نے فرمایاہے کہ دومعبودنہ بناؤ، معبودتوایک ہی ہے، تومجھ سے ہی ڈرتے رہو۔

۵۲. اورجوکچھ آسمانوں میں ہے اورجوکچھ زمین میں ہے سب اسی کاہے اوراسی کی عبادت لازم ہے توتم اللہ کے سوااوروں سے کیوں ڈرتے ہو؟

۵۳. اور جو نعمتیں تمہیں ملی ہوئی ہیں سب اللہ کی طرف سے ہیں، پھر جب تم کو کوئی تکلیف پہنچتی ہے تو اسی کے آگے فریاد کرتے ہو؟

۵۴. پھر جب وہ تم سے تکلیف کو دور کر دیتا ہے تو تم میں سے کچھ لوگ اللہ کے ساتھ شرک کرنے لگتے ہیں۔

۵۵. تاکہ جو نعمتیں ہم نے ان کو دی ہیں ان کی ناشکری کریں۔ تو اے مشرکو! دنیا میں فائدے اٹھالو۔ عنقریب تمہیں اس کا انجام معلوم ہو جائے گا۔

۵۶. اور ہمارے دیے ہوئے مال میں سے ایسی چیزوں کا حصہ مقرر کرتے ہیں جن کو جانتے ہی نہیں۔ کافرو! اللہ کی قسم کہ جو تم بہتان باندھتے ہو اس کی ضرور تم سے بازپرس ہو گی۔

۵۷. اور یہ لوگ اللہ کے لیے تو بیٹیاں تجویز کرتے ہیں اور وہ ان سے پاک ہے اور اپنے لیے بیٹے جو ان کو بہت پسند ہیں۔

۵۸. حالانکہ جب ان میں سے کسی کو بیٹی کی پیدائش کی خبر ملتی ہے تو غم سے اس کا رنگ کالا ہو جاتا ہے اور اس کا دل غمگین ہو جاتا ہے۔

۵۹. اور بری خبر جو وہ سنتا ہے لوگوں سے چھپتا پھرتا ہے اور سوچتا ہے کہ ذلت برداشت کر کے لڑکی کو زندہ رہنے دے یا زمین میں گاڑ دے۔ دیکھو یہ جو تجویز کرتے ہیں بہت بری ہے۔

۶۰. جو لوگ آخرت پر ایمان نہیں رکھتے انھی کے لیے بری باتیں ہیں اور اللہ کو صفت اعلیٰ زیب دیتی ہے اور وہ غالب حکمت والا ہے۔

۶۱. اور اگر اللہ لوگوں کو ان کے ظلم کے سبب پکڑنے لگے تو ایک جاندار کو زمین پر نہ چھوڑے مگر ان کو ایک مقرر وقت تک مہلت دیے جاتا ہے۔ جب وہ وقت آجاتا ہے تو ایک گھڑی نہ پیچھے رہ سکتے ہیں نہ ایک گھڑی آگے جا سکتے ہیں۔

۶۲. اور یہ اللہ کے لیے ایسی چیزیں تجویز کرتے ہیں جن کو خود ناپسند کرتے ہیں اور زبان سے جھوٹ بولتے جاتے ہیں کہ ان کے لیے بھلائی ہی بھلائی ہے کچھ شک نہیں کہ ان کے لیے دوزخ کی آگ تیار ہے اور یہ دوزخ میں سب سے آگے بھیجے جائیں گے۔

۶۳. اللہ کی قسم ہم نے آپ سے پہلی امتوں کی طرف بھی پیغمبر بھیجے تو شیطان نے ان کے برے اعمال کو ان کے سامنے اچھا کر کے دکھایا اور آج بھی وہی ان کا دوست ہے اور ان کے لیے دردناک عذاب ہے۔

۶۴. اور ہم نے جو آپ پر کتاب نازل کی ہے تاکہ آپ جس حکم میں ان لوگوں کو اختلاف ہے آپ اس کا فیصلہ کر دیں اور یہ مؤمنوں کے لیے ہدایت اور رحمت ہے۔

۶۵. اور اللہ ہی نے آسمان سے پانی برسایا، پھر زمین کو اس کے مرنے کے بعد زندہ کیا بیشک اس میں سننے والوں کے لیے نشانی ہے۔

٦٦. اور تمہارے لیے چارپایوں میں بھی نشان عبرت ہے کہ ان کے پیٹوں میں جو گوبر اور لہو ہے اس سے ہم تم کو خالص دودھ پلاتے ہیں۔ جو پینے والوں کے لیے خوشگوار ہے۔

٦٧. اور کھجور و انگور کے میووں سے (بھی تم پینے کی چیزیں تیار کرتے ہو) کہ ان سے شراب بناتے ہو اور عمدہ رزق کھاتے ہو۔ جو لوگ سمجھ رکھتے ہیں ان کے لیے ان چیزوں میں (اللہ کی قدرت کی) نشانی ہے۔

٦٨. اور آپ کے رب نے شہد کی مکھیوں کو ارشاد فرمایا کہ پہاڑوں میں اور درختوں میں اور اونچی چھتریوں میں جو لوگ بناتے ہیں گھر بنا۔

٦٩. اور ہر قسم کے میوے کھا اور اپنے رب کے صاف رستوں پر چلی جا۔ اس کے پیٹ سے پینے کی چیز نکلتی ہے جس کے مختلف رنگ ہوتے ہیں ان میں لوگوں کے لیے (کئی امراض کی) شفا ہے۔ بیشک سوچنے والوں کے لیے اس میں بھی نشانی ہے۔

٧٠. اور اللہ ہی نے تم کو پیدا کیا، پھر وہی تم کو موت دیتا ہے اور تم میں بعض ایسے ہوتے ہیں کہ نہایت خراب عمر کو پہنچ جاتے ہیں اور بہت کچھ جاننے کے بعد ہر چیز سے بے علم ہو جاتے ہیں بیشک اللہ سب کچھ جاننے والا اور قدرت والا ہے۔

٧١. اور اللہ نے رزق و دولت میں بعض کو بعض پر فضیلت دی ہے تو جن لوگوں کو فضیلت دی ہے وہ اپنا رزق اپنے غلاموں کو تو دینے والے نہیں (پورا پورا) کہ سب اس میں برابر ہو جائیں تو کیا یہ لوگ اللہ کی نعمت کے منکر ہیں؟

۷۲. اور اللہ ہی نے تم میں سے تمہارے لیے عورتیں پیدا کیں، عورتوں سے تمہارے بیٹے اور پوتے پیدا کیے اور کھانے کو تمہیں پاکیزہ چیزیں دیں۔ تو کیا جھوٹی باتیں مانتے ہیں اور اللہ کی نعمتوں سے انکار کرتے ہیں؟

۷۳. سوایسوں کو پوجتے ہیں جوان کو آسمانوں اور زمین میں روزی دینے کا ذرا بھی اختیار نہیں رکھتے اور نہ ہی وہ کسی اور طرح قدرت رکھتے ہیں۔

۷۴. تو اللہ پر مثالیں چسپاں مت کرو۔ بیشک اللہ جانتا ہے اور تم نہیں جانتے۔

۷۵. اللہ ایک مثال دیتا ہے کہ ایک غلام ہے جو بالکل دوسرے کے اختیار میں ہے اور کسی چیز پر قدرت نہیں رکھتا اور ایک ایسا شخص ہے جس کو ہم نے اپنے پاس سے بہت سا پاکیزہ مال دیا ہے اور وہ اس میں سے رات دن ظاہر اور پوشیدہ خرچ کرتا رہتا ہے تو کیا یہ دونوں شخص برابر ہیں؟ (ہرگز نہیں۔) ساری خوبی اللہ کے لیے ہے مگر بہت سے لوگ نہیں جانتے۔

۷۶. اور اللہ ایک مثال اور دیتا ہے کہ دو آدمی ہیں ایک ان میں سے گونگا ہے جو کچھ کام نہیں کر سکتا اور وہ اپنے مالک پر بھاری ہے کہ وہ جس طرف بھی اسے بھیجے کوئی بھلائی کر کے نہ لائے۔ کیا (ایسا گونگا بہرہ) اور وہ شخص جو سنتا بولتا ہے اور لوگوں کو انصاف کرنے کا حکم دیتا ہے۔ اور خود سیدھے رستے پر چل رہا ہے کیا دونوں برابر ہیں؟

۷۷. آسمانوں اور زمین کے بھید اللہ ہی کو معلوم ہیں اور اللہ کے نزدیک قیامت کا آنا یوں ہے، جیسے آنکھ کا جھپکنا بلکہ اس سے بھی جلد تر کچھ شک نہیں کہ اللہ ہر چیز پر قادر ہے۔

۷۸. اور اللہ ہی نے تمہیں تمہاری ماؤں کے پیٹ سے پیدا کیا کہ تم کچھ نہیں جانتے تھے اور اس نے تم کو کان، آنکھیں اور دل دیے تاکہ تم شکر کرو۔

۷۹. کیا ان لوگوں نے ان پرندوں کو نہیں دیکھا کہ آسمان کی ہوا میں حکم کے پابند اڑتے رہتے ہیں۔ ان کو اللہ ہی تھامے رکھتا ہے۔ ایمان والوں کے لیے اس میں بہت سی نشانیاں ہیں۔

۸۰. اور اللہ ہی نے گھروں کو تمہارے لیے رہنے کی جگہ بنایا اور اسی نے جانوروں کی کھالوں سے تمہارے لیے گھر (خیمے) بنائے جن کو تم ہلکا پھلکا جان کر سفر میں اور گھر میں کام میں لاتے ہو اور ان کی اون، روؤں اور بالوں سے کئی اسباب اور چیزیں بناتے ہو جو مدت تک کام دیتی ہیں۔

۸۱. اور اللہ ہی نے تمہارے آرام کے لیے اپنی پیدا کی ہوئی چیزوں کے سائے بنائے، پہاڑوں میں غاریں بنائیں اور کرتے بنائے جو تم کو گرمی سے بچاتے ہیں اور ایسے کرتے بھی جو تم کو جنگ (میں اسلحہ کے نقصان) سے بچائیں، اسی طرح اللہ اپنے احسان تم پر پورے کرتا ہے تاکہ تم فرمانبردار بنو۔

۸۲۔ اور اگر یہ لوگ پھر جائیں تو (اے پیغمبر ﷺ!) آپ کا کام تو صرف وضاحت سے پہنچا دینا ہے۔

۸۳۔ یہ لوگ اللہ کا احسان پہچانتے ہیں مگر پھر بھی انکار کرتے ہیں اور یہ اکثر ناشکرے ہیں۔

۸۴۔ اور جس دن ہم ہر امت میں سے گواہ (یعنی پیغمبر) کھڑا کریں گے تو نہ تو کفار کو (بولنے کی) اجازت ملے گی اور نہ ان کے عذر قبول کیے جائیں گے۔

۸۵۔ اور جب ظالم لوگ عذاب دیکھ لیں گے تو پھر نہ تو ان کے عذاب میں کمی کی جائے گی اور نہ ان کو مہلت ہی دی جائے گی۔

۸۶۔ اور جب مشرک اپنے بنائے ہوئے شریکوں کو دیکھیں گے تو کہیں گے پروردگار یہ وہی ہمارے شریک ہیں جن کو ہم تیرے سوا پکارا کرتے تھے۔ تو وہ ان کو جواب دیں گے کہ تم جھوٹے ہو۔

۸۷۔ اور اس دن اللہ کے سامنے جھک جائیں گے اور بھول جائیں گے جو جھوٹ وہ باندھا کرتے تھے۔

۸۸۔ جن لوگوں نے کفر کیا اور لوگوں کو اللہ کے راستے سے روکا ہم ان کو عذاب پر عذاب دیں گے اس لیے کہ وہ فساد کیا کرتے تھے۔

۸۹.	اور اس دن (کو یاد کرو) جب ہم ہر امت میں سے خود انہی پر گواہ کھڑا کریں گے اور اے پیغمبر! آپ کو ان لوگوں پر گواہ لائیں گے اور ہم نے آپ پر ایسی کتاب نازل کی ہے کہ اس میں ہر چیز کا بیان مفصل ہے اور مسلمانوں (فرمانبرداروں) کے لیے ہدایت، رحمت اور بشارت ہے۔

۹۰.	اللہ تم کو حکم دیتا ہے انصاف، احسان اور رشتہ داروں کو (خرچ میں مدد) دینے کا، بے حیائی، نامعقول اور سرکشی سے منع کرتا ہے اور تمہیں نصیحت کرتا ہے تاکہ تم یاد رکھو۔

۹۱.	اور جب اللہ سے پکا عہد کرو تو اس کو پورا کرو اور جب پکی قسمیں کھاؤ تو ان کو مت توڑو کہ تم اللہ کو اپنا ضامن مقرر کر چکے ہو اور جو کچھ تم کرتے ہو اللہ اس کو جانتا ہے۔

۹۲.	اور اس عورت کی طرح نہ ہونا جس نے محنت سے سوت کاتا، پھر اس کو توڑ کر ٹکڑے ٹکڑے کر ڈالا کہ تم اپنی قسموں کو آپس میں اس بات کا ذریعہ بنانے لگو کہ ایک گروہ دوسرے گروہ سے زیادہ غالب رہے۔ بات یہ ہے کہ اللہ تمہیں ان (قسموں اور معاہدوں کے ذریعے) آزماتا ہے اور جن باتوں میں تم اختلاف کرتے ہو قیامت کو اس کی حقیقت تم پر ظاہر کر دے گا۔

۹۳.	اور اگر اللہ چاہتا تو تم سب کو ایک ہی جماعت بنا دیتا لیکن وہ جسے چاہتا ہے گمراہ کرتا ہے اور جسے چاہتا ہے ہدایت کرتا ہے۔ اور جو عمل تم کرتے ہو ان کے بارے میں تم سے ضرور پوچھا جائے گا۔

۹۴۔ اور اپنی قسموں کو آپس میں اس بات کا ذریعہ نہ بناؤ کہ لوگوں کے قدم جم چکنے کے بعد لڑکھڑا جائیں اور اس وجہ سے کہ تم نے لوگوں کو اللہ کے رستے سے روکا تم کو برائی کا مزہ چکھنا پڑے گا اور بہت بڑا عذاب ملے گا۔

۹۵۔ اور اللہ کے عہد کو مت بیچو اور اس کے بدلے تھوڑی سی قیمت مت لو (کیونکہ عہد پورا کرنے کا جو بدلہ) اللہ کے پاس مقرر ہے وہ اگر تم سمجھو تو تمہارے لیے بہتر ہے۔

۹۶۔ جو کچھ تمہارے پاس ہے ختم ہو جاتا ہے اور جو اللہ کے پاس ہے وہ کبھی ختم نہیں ہو گا۔ اور جن لوگوں نے صبر کیا ہم ان کو ان کے اعمال کا بہت اچھا بدلہ دیں گے۔

۹۷۔ جو شخص نیک اعمال کرے گا مرد ہو یا عورت اور وہ مومن ہو تو ہم اس کو دنیا میں پاک اور آرام کی زندگی سے زندہ رکھیں گے اور (آخرت میں) ان کے نیک اعمال کا بہت اچھا بدلہ دیں گے۔

۹۸۔ پھر جب آپ قرآن پڑھنے لگو تو شیطان مردود سے اللہ کی پناہ مانگ لیا کرو۔

۹۹۔ اسے ان لوگوں پر غلبہ حاصل نہیں ہوتا جو ایمان لاتے ہیں اور اپنے رب پر بھروسہ کرتے ہیں۔

۱۰۰۔ اس کا زور تو انہیں لوگوں پر چلتا ہے جو اس کو اپنا سرپرست بناتے ہیں اور اس کے بہکانے سے شرک کرتے ہیں۔

۱۰۱. اور جب ہم کوئی آیت کسی آیت کی جگہ بدل دیتے ہیں۔ اور اللہ جسے نازل فرماتا ہے اسے خوب جانتا ہے تو کافر کہتے ہیں کہ تم تو یونہی اپنے پاس سے بنا لاتے ہو۔ حقیقت یہ ہے کہ ان میں اکثر نادان ہیں

۱۰۲. فرما دیں کہ اس کو روح القدس آپ کے رب کی طرف سے سچائی کے ساتھ لے کر نازل ہوئے ہیں تاکہ یہ قرآن مومنوں کو ثابت قدم رکھے اور حکم ماننے والوں کے لیے تو یہ ہدایت اور بشارت ہے۔

۱۰۳. اور ہمیں معلوم ہے کہ یہ کہتے ہیں کہ اس پیغمبر کو ایک شخص سکھا جاتا ہے مگر اس شخص کی زبان جس کی طرف یہ اشارہ کرتے ہیں غیر عربی ہے اور یہ صاف عربی زبان میں ہے۔

۱۰۴. یہ لوگ اللہ کی آیتوں پر ایمان نہیں لاتے ان کو اللہ ہدایت نہیں دیتا اور ان کے لیے دردناک عذاب ہے۔

۱۰۵. جھوٹ افترا تو وہی لوگ کیا کرتے ہیں جو اللہ کی آیتوں پر ایمان نہیں لاتے وہی جھوٹے ہیں۔

۱۰۶. جو شخص ایمان لانے کے بعد اللہ کے ساتھ کفر کرے وہ نہیں جو کفر پر زبردستی مجبور کیا جائے اور اس کا دل ایمان کے ساتھ مطمئن ہو، بلکہ وہ جو دل سے اور دل کھول کر کفر کرے تو ایسوں پر اللہ کا غضب ہے اور ان کو بڑا سخت عذاب ہوگا۔

۱۰۷. یہ اس لیے کہ انھوں نے دنیا کی زندگی کو آخرت کے مقابلے میں عزیز رکھا اور اس لیے کہ اللہ کافر لوگوں کو ہدایت نہیں دیتا۔

۱۰۸. یہی لوگ ہیں جن کے دلوں، کانوں اور آنکھوں پر اللہ نے مہر لگا دی ہے اور یہی غفلت میں پڑے ہوئے ہیں۔

۱۰۹. کچھ شک نہیں کہ یہ آخرت میں خسارہ اٹھانے والے ہوں گے۔

۱۱۰. پھر جن لوگوں نے ایذائیں اٹھانے کے بعد ہجرت کی پھر جہاد کیا اور ثابت قدم رہے آپ کا رب ان کو بیشک ان آزمائشوں کے بعد بخشنے والا اور ان پر رحمت کرنے والا ہے۔

۱۱۱. جس دن ہر متنفس اپنی طرف سے جھگڑا کرنے آئے گا۔ اور ہر شخص کو اس کے اعمال کا پورا پورا بدلہ دیا جائے گا اور کسی کا نقصان نہیں کیا جائے گا۔

۱۱۲. اور اللہ ایک بستی کی مثال دیتا ہے کہ ہر طرح سے امن چین کی بستی تھی، ہر طرف سے رزق بافراغت چلا آتا تھا، مگر ان لوگوں نے اللہ کی نعمتوں کی ناشکری کی تو اللہ نے ان کے اعمال کی وجہ سے ان پر بھوک اور خوف کا لباس پہنا کر ناشکری کا مزہ چکھا دیا۔

۱۱۳. اور ان کے پاس انہی میں سے ایک پیغمبر آیا تو انھوں نے اسے جھٹلایا سو ان کو عذاب نے آپکڑا اور وہ ظالم تھے۔

۱۱۴. پس اللہ نے جو تم کو حلال اور پاکیزہ رزق دیا ہے اسے کھاؤ اور اللہ کی نعمتوں کا شکر ادا کرو۔ اگر تم اسی کی عبادت کرتے ہو۔

۱۱۵. اس نے تم پر مردار اور سور کا گوشت حرام کر دیا ہے اور جو چیز اللہ کے سوا اور کسی کے نام پر پکار (ذبح) کر دی جائے وہ بھی حرام ہے، ہاں! اگر کوئی مجبور ہو جائے مگر گناہ کرنے والا نہ ہو اور نہ ہی حد سے نکلنے والا ہو تو اللہ بخشنے والا مہربان ہے۔

۱۱۶. اور یونہی جھوٹ موٹ مت کہہ دیا کرو کہ یہ حلال ہے اور یہ حرام ہے اور یوں اللہ پر جھوٹ بہتان باندھنے لگو ایسے لوگوں کا بھلا نہیں ہو گا۔

۱۱۷. (جھوٹ کا) فائدہ تو تھوڑا ہے مگر اس کے بدلے دردناک عذاب بہت زیادہ ہو گا۔

۱۱۸. اور جو چیزیں ہم آپ سے پہلے بیان کر چکے ہیں وہ ہم نے یہودیوں پر حرام کر دی تھیں، اور ہم نے ان پر کچھ ظلم نہیں کیا بلکہ وہی اپنے آپ پر ظلم کرتے تھے۔

۱۱۹. پھر جن لوگوں نے نادانی سے برا کام کیا پھر اس کے بعد توبہ کی اور نیکو کار ہو گئے تو آپ کا رب ان کو توبہ کرنے اور نیکو کار ہو جانے کے بعد بخشنے والا اور ان پر رحمت کرنے والا ہے۔

۱۲۰. بیشک ابراہیمؑ (اکیلے) ایک امت اور اللہ کے فرمانبردار تھے جو ایک طرف کے ہو رہے تھے اور مشرکوں میں سے نہ تھے۔

۱۲۱۔ اس کی نعمتوں کے شکر گزار تھے اللہ نے ان کو بر گزیدہ کیا تھا اور اپنی سیدھی راہ پر چلایا تھا۔

۱۲۲۔ ہم نے ان کو دنیا میں بھی خوبی دی اور وہ آخرت میں بھی نیک لوگوں میں ہوں گے۔

۱۲۳۔ پھر ہم نے آپ کی طرف وحی بھیجی کہ دین ابراہیمؑ کی پیروی کرو جو ایک طرف کے ہو رہے تھے اور مشرکوں میں سے نہ تھے۔

۱۲۴۔ ہفتے کا دن تو انہی لوگوں کے لیے مقرر کیا گیا تھا جنہوں نے اس میں اختلاف کیا اور آپ کا رب قیامت کے دن ان میں ان باتوں کا فیصلہ کر دے گا جن میں وہ اختلاف کرتے تھے۔

۱۲۵۔ (اے پیغمبر ﷺ!) لوگوں کو دانش اور نیک نصیحت سے اپنے رب کے رستے کی طرف بلائیں اور بہت ہی اچھے طریقہ سے ان سے بات چیت کریں۔ جو اس کے رستہ سے بھٹک گیا اللہ تعالیٰ اسے بھی خوب اچھی طرح جانتا ہے اور جو رستے پر چلنے والے ہیں ان سے بھی خوب واقف ہے۔

۱۲۶۔ اور اگر تم ان کو تکلیف دینی چاہو تو اتنی ہی دو جتنی تکلیف تم کو ان سے پہنچی اور اگر صبر کرو تو یہ صبر کرنے والوں کے لیے بہت اچھا ہے۔

۱۲۷۔ اور صبر ہی کرو تمہارا صبر بھی اللہ (ہی کی مدد) کے ساتھ ہو سکے گا اور ان کے بارے میں غم نہ کرو اور جو یہ فریب کرتے ہیں اس سے تنگدل نہ ہو۔

۱۲۸۔ کچھ شک نہیں کہ جو پرہیزگار ہیں اور نیکو کار اللہ ان کے ساتھ ہے۔

۱۷۔ سورۃ الاسراء / بنی اسرائیل

۱. وہ ذات پاک ہے جو ایک رات اپنے بندے کو مسجد حرام، یعنی خانہ کعبہ سے مسجد اقصیٰ، یعنی بیت المقدس تک لے گیا جس کے ماحول کو ہم نے برکت دی ہے تاکہ ہم اسے اپنی نشانیوں کا مشاہدہ کرائیں، حقیقت میں وہی سب کچھ سننے اور دیکھنے والا ہے۔

۲. اور ہم نے موسیٰؑ کو کتاب عنایت کی تھی اور اس کو بنی اسرائیل کے لیے رہنما مقرر کیا تھا کہ میرے سوا کسی کو کارساز نہ ٹھہرانا۔

۳. اے ان لوگوں کی اولاد! جن کو ہم نے نوحؑ کے ساتھ کشتی میں سوار کیا تھا بیشک نوحؑ (ہمارے) شکر گزار بندے تھے۔

۴. اور ہم نے بنی اسرائیل سے کہہ دیا تھا کہ تم زمین میں دو مرتبہ فساد مچاؤ گے اور بڑی سرکشی کرو گے۔

۵. پس جب پہلے وعدے کا وقت آیا تو ہم نے اپنے سخت لڑائی کرنے والے بندے تم پر مسلط کر دیے اور وہ شہروں کے اندر پھیل گئے اور وہ وعدہ پورا ہو کر رہا۔

۶۔ پھر ہم نے دوسری بار تم کو ان پر غلبہ دیا، مال اور بیٹوں سے تمہاری مدد کی اور تمہیں بڑی جماعت بنا دیا۔

۷۔ اگر تم نیکوکاری کرو گے تو اپنی جانوں کے لیے کرو گے اور اگر اعمال بد کرو گے تو ان کا وبال بھی تمہاری ہی جانوں پر ہوگا پھر جب دوسرے وعدے کا وقت آیا تو (ہم نے پھر اپنے بندے بھیجے) تاکہ تمہارے چہروں کو بگاڑ دیں اور جس طرح پہلی دفعہ مسجد بیت المقدس میں داخل ہو گئے تھے اسی طرح پھر اس میں داخل ہو جائیں اور جس چیز پر غلبہ پائیں اسے تباہ کر دیں۔

۸۔ امید ہے کہ تمہارا رب تم پر رحم کرے اور اگر پھر تم وہی حرکتیں کرو گے تو ہم بھی وہی پہلا سلوک کریں گے اور ہم نے جہنم کو کافروں کے لیے قید خانہ بنا رکھا ہے۔

۹۔ یہ قرآن وہ راستہ دکھاتا ہے جو سب سے سیدھا ہے اور مومنوں کو جو نیک عمل کرتے ہیں بشارت دیتا ہے کہ ان کے لیے بہت بڑا اجر ہے۔

۱۰۔ اور یہ بھی بتاتا ہے کہ جو آخرت پر ایمان نہیں رکھتے ان کے لیے ہم نے دکھ دینے والا عذاب تیار رکھا ہے۔

۱۱۔ اور انسان جس طرح جلدی سے بھلائی مانگتا ہے اسی طرح برائی مانگتا ہے اور انسان جلد باز واقع ہوا ہے۔

۱۲۔ اور ہم نے دن اور رات کو دو نشانیاں بنایا ہے۔ رات کی نشانی کو تاریکی بنایا اور دن کی نشانی کو روشن۔ تاکہ تم اپنے رب کا فضل، یعنی روزی تلاش کرو اور برسوں کا شمار اور حساب جانو۔ اور ہم نے ہر چیز کی خوب وضاحت کر دی ہے۔

۱۳۔ ہم نے ہر انسان کا عمل اس کے گلے میں لٹکا رکھا ہے اور قیامت کے دن ہم اس کے لیے ایک کتاب نکالیں گے جسے وہ (اپنے سامنے) کھلا ہوا پائے گا۔

۱۴۔ (اسے حکم ملے گا) پڑھو اپنے عمل کا دفتر آج تم اپنی باز پرس کرنے کے لیے خود ہی کافی ہو۔

۱۵۔ جو شخص دنیا میں سیدھی راہ پر چلتا ہے وہ اپنا ہی فائدہ کرتا ہے اور جو گمراہ ہوا، اس کی گمراہی کا وبال اسی پر ہے اور کوئی شخص کسی کا بوجھ نہیں اٹھائے گا۔ اور ہم (اس وقت تک) عذاب نہیں دیتے جب تک کہ (ان لوگوں میں) پیغمبر نہیں بھیج دیتے۔

۱۶۔ اور جب ہمارا ارادہ کسی بستی کو ہلاک کرنے کا ہوا تو وہاں کے امیر لوگوں کو بے حیائی پر مامور کر دیا تو وہ نافرمانیاں کرتے رہے پھر اس پر عذاب کا حکم بھیج دیا اور ہم نے اسے ہلاک کر ڈالا۔

۱۷۔ اور ہم نے نوحؑ کے بعد بہت سی امتوں کو ہلاک کر ڈالا اور تمہارا رب اپنے بندوں کے گناہوں سے باخبر دیکھنے والا کافی ہے۔

۱۸.	جو شخص دنیا کی (آسودگی) چاہے تو ہم اس میں سے جسے چاہتے ہیں جتنا چاہتے ہیں جلد دے دیتے ہیں۔ پھر اس کے لیے جہنم کا ٹھکانا مقرر کر رکھا ہے. جس میں وہ بد حال اور دھتکارہ ہوا داخل کیا جائے گا۔

۱۹.	اور جو شخص آخرت کا خواستگار ہو اور اس میں اتنی کوشش کرے جتنی ضروری ہے اور وہ مومن بھی ہو تو ایسے ہی لوگوں کی کوشش کی قدر کی جائے گی۔

۲۰.	ہم ان کو اور ان سب کو تمہارے رب کی بخشش سے مدد دیتے ہیں اور تمہارے رب کی بخشش کسی سے رکی ہوئی نہیں۔

۲۱.	دیکھو ہم نے بعض کو بعض پر فضیلت بخشی ہے۔ اور آخرت درجوں میں دنیا سے بہت برتر اور بہتری میں کہیں بڑھ کر ہے۔

۲۲.	اور اللہ کے ساتھ اور کوئی معبود نہ بنانا کہ ملامتیں سن کر اور بے کس ہو کر بیٹھے رہ جاؤ۔

۲۳.	اور تمہارے رب نے ارشاد فرمایا ہے کہ اس کے سوا کسی اور کی عبادت نہ کرو اور ماں باپ کے ساتھ بھلائی کرتے رہو اگر ان میں سے ایک یا دونوں تمہارے سامنے بڑھاپے کو پہنچ جائیں تو ان کو اف تک نہ کہنا اور نہ انہیں جھڑکنا اور ان کے ساتھ بات ادب کے ساتھ کرنا۔

۲۴. اور عجز و انکساری سے ان کے آگے جھکے رہو اور ان کے حق میں دعا کرو کہ اے رب العزت! جیسا انہوں نے مجھے بچپن میں شفقت سے پرورش کیا ہے تو بھی ان کے حال پر رحمت فرما۔

۲۵. جو کچھ تمہارے دلوں میں ہے تمہارا رب اس سے بخوبی واقف ہے۔ اگر تم نیک ہو گے تو وہ رجوع کرنے والوں کو بخش دینے والا ہے۔

۲۶. اور رشتہ داروں، محتاجوں اور مسافروں کو ان کا حق ادا کرو اور فضول خرچی سے مال نہ اڑاؤ۔

۲۷. کہ فضول خرچی کرنے والے تو شیطان کے بھائی ہیں اور شیطان اپنے رب کی نعمتوں کا انکار کرنے والا ناشکرا ہے۔

۲۸. اگر تم اپنے رب کی نعمت (فراخ دستی) کے انتظار میں، جس کی تمہیں امید ہو ان مستحقین کی طرف توجہ نہ کر سکو تو ان سے نرمی سے بات کہہ دیا کرو۔

۲۹. اور اپنے ہاتھ کو نہ تو گردن سے باندھا ہوا (بہت تنگ کر لو) کہ کسی کو کچھ دو ہی نہیں اور نہ بالکل کھول ہی دو (کہ سبھی کچھ دے ڈالو) اور انجام یہ ہو کہ ملامت زدہ اور درماندہ ہو کر بیٹھ جاؤ۔

۳۰. بیشک تمہارا رب، جس کی روزی چاہتا ہے فراخ کر دیتا ہے اور جس کی روزی چاہتا ہے تنگ کر دیتا ہے، وہ اپنے بندوں سے خبردار ہے اور ان کو دیکھ رہا ہے۔

۳۱.	اور اپنی اولاد کو مفلسی کے خوف سے قتل نہ کرو کیونکہ ان کو اور تم کو ہم ہی رزق دیتے ہیں، کچھ شک نہیں کہ ان کا مار ڈالنا بڑا سخت گناہ ہے

۳۲.	اور زنا کے بھی پاس نہ جانا کہ وہ بے حیائی اور بری راہ ہے۔

۳۳.	اور جس جاندار کا مارنا اللہ نے حرام کیا ہے اسے قتل نہ کرنا مگر جائز طور پر (شریعت کی اجازت سے) اور جو شخص ظلم سے قتل کیا جائے ہم نے اس کے وارث کو اختیار دیا ہے کہ ظالم قاتل سے بدلہ لے، تو اس کو چاہیے کہ قتل کے قصاص میں زیادتی نہ کرے بیشک وہ شخص امداد کے قابل ہے۔

۳۴.	اور یتیم کے مال کے پاس بھی نہ جانا، مگر ایسے طریق سے کہ بہت بہتر ہو۔ یہاں تک کہ وہ جوانی کو پہنچ جائے اور عہد کو پورا کرو کہ عہد کے بارے میں ضرور پوچھ گچھ ہوگی۔

۳۵.	اور جب کوئی چیز ماپ کر دینے لگو تو پیمانہ پورا بھرا کرو اور جب تول کر دو تو ترازو سیدھی رکھ کر تولا کرو یہ بہت اچھی بات اور انجام کے لحاظ سے بھی بہت بہتر ہے۔

۳۶.	اور (اے بندے!) جس چیز کا تمہیں علم نہیں اس کے پیچھے نہ پڑ کہ کان، آنکھ اور دل ان سب کے بارے میں پوچھ ہوگی۔

۳۷.	اور زمین پر اکڑ کر مت چلو کہ تم زمین کو پھاڑ تو نہیں ڈالو گے اور نہ لمبا ہو کر پہاڑوں کی چوٹی تک پہنچ جاؤ گے۔

۳۸.	ان سب عادتوں کی برائی تیرے رب کے نزدیک بہت ناپسند ہے۔

۳۹۔ (اے پیغمبر!) یہ ان ہدایتوں میں سے ہیں جو اللہ نے دانائی کی باتیں آپ کی طرف وحی کی ہیں۔ اور اللہ کے ساتھ کوئی اور معبود نہ بنانا کہ ایسا کرنے سے ملامت زدہ اور اللہ کی درگاہ سے راندہ بنا کر جہنم میں ڈال دیے جاؤ گے۔

۴۰۔ مشرکو! کیا تمہارے رب نے تم کو تو لڑکے دیے اور خود فرشتوں کو بیٹیاں بنا یا کچھ شک نہیں کہ یہ تم بڑی نامعقول بات کہتے ہو۔

۴۱۔ اور ہم نے اس قرآن میں طرح طرح کی باتیں بیان کی ہیں تاکہ لوگ نصیحت پکڑیں مگر وہ اس سے اور نفرت بڑھاتے جاتے ہیں۔

۴۲۔ کہہ دو کہ اگر اللہ کے ساتھ اور معبود ہوتے جیسا کہ یہ کہتے ہیں تو وہ ضرور اللہ مالک عرش کی پہنچنے کا راستہ نکالتے۔

۴۳۔ وہ پاک ہے اور جو کچھ یہ بکتے ہیں اس سے وہ بہت بلند رتبہ والا ہے۔

۴۴۔ ساتوں آسمان اور زمین اور جو کچھ ان میں ہے سب اسی کی تسبیح کرتے ہیں اور مخلوقات میں سے کوئی چیز نہیں مگر اس کی تعریف کے ساتھ اس کی تسبیح کرتی ہے، لیکن تم ان کی تسبیح کو نہیں سمجھتے۔ بیشک وہ بردبار اور معاف کرنے والا ہے۔

۴۵۔ اور جب آپ قرآن پڑھا کرتے ہیں تو ہم آپ اور ان لوگوں کے درمیان جو آخرت پر ایمان نہیں رکھتے پردے پر پردہ ڈال دیتے ہیں۔

۴۶.	اوران کے دلوں پر پردہ ڈال دیتے ہیں کہ اسے سمجھ نہ سکیں اوران کے کانوں میں ثقل پیدا کر دیتے ہیں اور جب آپ قرآن میں اپنے خدائے واحد کا ذکر کرتے ہیں تو وہ بدک کر پیٹھ پھیر کر بھاگ جاتے ہیں۔

۴۷.	یہ لوگ جب آپ کی طرف کان لگاتے ہیں تو جس نیت سے یہ سنتے ہیں ہم اسے خوب جانتے ہیں اور جب یہ سر گوشیاں کرتے ہیں، یعنی جب ظالم کہتے ہیں کہ تم تو ایک ایسے شخص کی پیروی کرتے ہو جس پر جادو کیا گیا ہے۔

۴۸.	دیکھیں انہوں نے کس کس طرح کی باتیں آپ کے بارے میں بنائی ہیں، سو یہ گمراہ ہو رہے ہیں اور رستہ نہیں پا سکتے۔

۴۹.	اور کہتے ہیں کہ جب ہم مر کو بوسیدہ ہڈیاں اور چور چور ہو جائیں گے تو کیا از سر نو پیدا ہو کر اٹھیں گے۔

۵۰.	کہہ دو کہ خواہ تم پتھر ہو جاؤ یا لوہا۔

۵۱.	یا کوئی اور چیز جو تمہارے نزدیک (پتھر اور لوہے سے بھی) بڑی سخت ہو۔ جھٹ کہیں گے کہ بھلا ہمیں دوبارہ کون جلائے گا؟ کہہ دو کہ وہی جس نے تم کو پہلی بار پیدا کیا۔ تو تعجب سے تمہارے سامنے سر ہلائیں گے اور پوچھیں گے کہ ایسا کب ہو گا؟ کہہ دو امید ہے کہ جلد ہو گا۔

۵۲. جس دن وہ تمہیں پکارے گا تو تم اس کی تعریف کے ساتھ جواب دو گے اور خیال کرو گے کہ تم دنیا میں بہت کم مدت رہے۔

۵۳. اور میرے بندوں سے کہہ دو کہ ایسی باتیں کہا کریں جو بہت پسندیدہ ہوں۔ کیونکہ شیطان بری باتوں سے ان میں فساد ڈالوا دیتا ہے کچھ شک نہیں کہ شیطان انسان کا کھلا دشمن ہے۔

۵۴. تمہارا رب تم سے خوب واقف ہے، اگر چاہے تو تم پر رحم کرے یا اگر چاہے تو تمہیں عذاب دے اور ہم نے تم کو ان پر داروغہ بنا کر نہیں بھیجا۔

۵۵. اور جو لوگ آسمانوں اور زمین میں ہیں آپ کا رب ان سے خوب واقف ہے اور ہم نے بعض پیغمبروں کو بعض پر فضیلت بخشی اور داوُدؑ کو زبور عطا کی۔

۵۶. کہو کہ مشرکو! جن لوگوں کی نسبت تمہیں معبود ہونے کا گمان ہے، ان کو بلا دیکھو، وہ تم سے تکلیف کے دور کرنے یا اس کے بدل دینے کا کچھ بھی اختیار نہیں رکھتے۔

۵۷. یہ لوگ جن کو اللہ کے سوا پکارتے ہیں وہ خود اپنے رب کے ہاں قربت کا ذریعہ تلاش کرتے رہتے ہیں کہ کون ان میں اللہ کا زیادہ مقرب ہوتا ہے اور اس کی رحمت کے امیدوار رہتے ہیں اور اس کے عذاب سے ڈرتے ہیں بیشک آپ کے رب کا عذاب ڈرنے کی چیز ہے۔

۵۸.	اور کفر کرنے والوں کی کوئی بستی نہیں مگر قیامت سے پہلے ہم اسے ہلاک کر دیں گے یا سخت عذاب سے اس پر عذاب کریں گے یہ کتاب، یعنی تقدیر میں لکھا جا چکا ہے۔

۵۹.	اور ہم نے نشانیاں بھیجنی اس لیے بند کر دیں کہ پہلے لوگوں نے ان کو جھٹلا دیا تھا۔ اور ہم نے ثمود کو (صالحؑ کی نبوت کی) کھلی نشانی میں اونٹنی دی تو انھوں نے اس پر ظلم کیا اور ہم جو نشانیاں بھیجا کرتے ہیں تو وہ ڈرانے کے لیے بھیجتے ہیں۔

۶۰.	جب ہم نے تم سے کہا کہ تمہارا رب لوگوں کو احاطہ کیے ہوئے ہے اور جو نمائش (واقعہ معراج) ہم نے تمہیں دکھائی وہ لوگوں کے لیے آزمائش تھی اور اسی طرح تھوہر کے درخت کو جس پر قرآن میں لعنت کی گئی ہے، اس کو لوگوں کے لیے آزمائش بنایا اور ہم انھیں ڈراتے ہیں تو ان کو اس سے بڑی سخت سرکشی پیدا ہوتی ہے۔

۶۱.	اور جب ہم نے فرشتوں سے کہا کہ آدم کو سجدہ کرو۔ تو سب نے سجدہ کیا مگر ابلیس نے نہ کیا بولا بھلا میں ایسے شخص کو سجدہ کروں جس کو تو نے مٹی سے پیدا کیا ہے۔

۶۲.	(اور طنزیہ) کہنے لگا دیکھو تو یہی وہ ہے جسے تو نے مجھ پر فضیلت دی ہے اگر تو مجھ کو قیامت کے دن تک کی مہلت دے تو میں کچھ لوگوں کے سوا اس کی اولاد کی جڑ کاٹتا رہوں گا

۶۳.	اللہ نے فرمایا یہاں سے چلے جاؤ، جو شخص ان میں سے تیری پیروی کرے گا تو تم سب کی سزا جہنم ہے اور وہ پوری سزا ہے۔

۶۴.   اور ان میں سے جس کو بہکا سکے اپنی آواز سے بہکا تا رہ اور ان پر اپنے سواروں اور پیادوں کو چڑھا کر لاتا رہ اور ان کے مال اور اولاد میں شریک ہوتا رہ اور ان سے وعدہ کرتا رہ اور شیطان جو وعدے ان سے کرتا ہے سب دھوکہ ہے

۶۵.   جو میرے مخلص بندے ہیں ان پر تیرا کچھ زور نہیں اور (اے پیغمبر!) آپ کا رب کارساز کافی ہے۔

۶۶.   تمہارا رب وہ ہے جو تمہارے لیے دریا میں کشتیاں چلاتا ہے تاکہ تم اس کے فضل سے روزی تلاش کرو بیشک وہ تم پر مہربان ہے۔

۶۷.   اور جب تم کو دریا میں تکلیف پہنچتی ہے (ڈوبنے کا خوف ہوتا ہے) تو جن کو تم پکارا کرتے ہو سب اس رب کے سوا گم ہو جاتے ہیں، پھر اللہ جب تم کو ڈوبنے سے بچا کر خشکی کی طرف لے جاتا ہے تو تم منہ پھیر لیتے ہو اور انسان ہے ہی ناشکرا۔

۶۸.   کیا تم اس سے بے خوف ہو کہ اللہ تمہیں خشکی کی طرف لے جا کر زمین میں دھنسا دے یا تم پر پتھر برسانے والی آندھی بھیج دے، پھر تم اپنا کوئی بچانے والا نہ پاؤ۔

۶۹.   یا اس سے بے خوف ہو کہ تم کو دوسری دفعہ دریا میں لے جائے پھر تم پر تیز ہوا چلائے اور تمہارے کفر کی وجہ سے تمہیں ڈبو دے پھر تم ہم پر اپنی طرف سے کوئی باز پرس کرنے والا نہ پاؤ۔

۷۰۔ اور ہم نے بنی آدم کو عزت بخشی اور ان کو جنگل اور دریا میں سواری دی اور پاکیزہ روزی عطا کی اور اپنی بہت سی مخلوقات پر فضیلت دی۔

۷۱۔ جس دن ہم ہر فرقے کو اس کے پیشوا کے ساتھ بلائیں گے تو جس کا اعمال نامہ اس کے دائیں ہاتھ میں ملا تو وہ لوگ اپنا لکھا ہوا پڑھیں گے اور ان پر ایک دھاگے کے برابر ظلم نہ ہو گا۔

۷۲۔ اور جو کوئی اس جہان میں اندھا رہا تو وہ آخرت میں بھی اندھا ہی رہے گا بلکہ راستہ پانے میں اندھے سے بھی زیادہ بھٹکا ہوا۔

۷۳۔ اور (اے پیغمبر ﷺ!) جو وحی ہم نے آپ کی طرف بھیجی ہے قریب تھا کہ یہ کافر لوگ آپ کو اس سے بہکا دیں تاکہ آپ اس کے سوا اور باتیں ہماری نسبت بنا لیں اور اس وقت وہ آپ کو دوست بنا لیتے۔

۷۴۔ اور اگر ہم آپ کو ثابت قدم نہ رکھتے تو آپ ان کی طرف کسی قدر مائل ہونے ہی والے تھے

۷۵۔ اس وقت ہم آپ کو زندگی میں بھی عذاب کا دگنا اور مرنے پر بھی دگنا مزہ چکھاتے، پھر آپ ہمارے مقابلے میں کسی کو اپنا مددگار نہ پاتے

۷۶۔ اور قریب تھا کہ یہ لوگ تمہیں اس زمین (مکہ) سے پھسلا دیں تاکہ تمہیں وہاں سے جلا وطن کر دیں اور اس وقت تمہارے پیچھے یہ بھی نہ رہتے مگر کم۔

۷۷. جو پیغمبر ہم نے آپ سے پہلے بھیجے تھے ان کا اور ان کے بارے میں ہمارا یہی طریقہ رہا ہے اور آپ ہمارے طریقہ میں تغیر و تبدل نہ پاؤ گے۔

۷۸. (اے نبی!) سورج کے ڈھلنے سے رات کے اندھیرے تک (ظہر، عصر، مغرب اور عشاء) کی نمازیں اور صبح کو قرآن پڑھا کرو، کیونکہ صبح کے وقت قرآن کا پڑھنا موجب حضور ملائکہ ہے۔

۷۹. اور بعض حصہ رات میں بیدار رہا کریں اور تہجد کی نماز پڑھا کریں یہ رات کو جاگنا تمہارے لیے زائد (نماز) ہے، قریب ہے کہ اللہ آپ کو مقام محمود میں داخل کرے۔

۸۰. اور فرما دیں کہ اے رب العزت مجھے جہاں لے جا اچھی طرح لے جا اور جہاں سے نکال اچھی طرح نکال اور اپنے پاس میرے لیے غلبہ اور امداد مقرر فرما۔

۸۱. اور فرما دیں کہ حق آگیا اور باطل چلا گیا بیشک باطل نابود ہونے والا ہے۔

۸۲. اور ہم قرآن کے ذریعے سے وہ چیز نازل کرتے ہیں جو مومنوں کے لیے شفا اور رحمت ہے اور ظالموں کے حق میں تو اس سے نقصان ہی بڑھتا ہے۔

۸۳. اور جب ہم انسان کو نعمت بخشتے ہیں تو رو گردانی کرتا ہے اور پہلو پھیر لیتا ہے اور جب اسے سختی پہنچتی ہے تو ناامید ہو جاتا ہے۔

۸۴. کہہ دو کہ ہر شخص اپنے طریق کے مطابق عمل کرتا ہے تو تمہارا رب اس شخص سے خوب واقف ہے جو سب سے زیادہ سیدھے راستے پر ہے۔

۸۵۔ اور آپ سے وہ روح کے بارے میں سوال کرتے ہیں فرمادیں کہ وہ میرے رب کی ایک شان (حکم) ہے اور تم لوگوں کو بہت ہی کم علم دیا گیا ہے

۸۶۔ اور اگر ہم چاہیں تو جو کتاب ہم آپ کی طرف بھیجتے ہیں اسے دلوں سے محو کردیں پھر آپ اس کے لیے ہمارے مقابلہ میں کسی کو مددگار نہیں پائیں گے۔

۸۷۔ مگر اس کا قائم رہنا آپ کے رب کی رحمت ہے، کچھ شک نہیں کہ آپ پر اس کا بڑا فضل ہے۔

۸۸۔ فرمادیں کہ اگر انسان اور جن اس بات پر جمع ہو جائیں کہ اس قرآن جیسا بنا لائیں تو اس جیسا نہ لاسکیں گے اگرچہ وہ ایک دوسرے کے مددگار ہوں۔

۸۹۔ اور ہم نے قرآن میں سب باتیں طرح طرح سے بیان کردی ہیں مگر اکثر لوگوں نے انکار کرنے کے سوا قبول نہ کیا۔

۹۰۔ اور کہنے لگے کہ ہم تم پر ایمان نہیں لائیں گے جب تک کہ آپ ہمارے لیے زمین سے چشمہ جاری نہ کردیں۔

۹۱۔ یا آپ کے لیے کھجور اور انگور کا باغ پیدا ہو جائے اور آپ اس کے بیچ میں نہریں بہا دیں۔

۹۲۔ یا جیسا آپ کہا کرتے ہو ہم پر آسمان سے ٹکڑے لا گراؤ یا اللہ اور فرشتوں کو ہمارے سامنے لے آؤ

۹۳۔ یا آپ کا سونے کا گھر ہو یا آپ آسمان پر چڑھ جائیں، پھر بھی ہم ایمان نہیں لائیں گے جب تک کہ کوئی کتاب ہمارے لیے لے کر نہ آئیں ایسی کتاب جسے ہم پڑھ بھی لیں۔ فرما دیں کہ میرا رب پاک ہے میں تو صرف ایک پیغام پہچانے والا بشر ہوں۔

۹۴۔ اور جب لوگوں کے پاس ہدایت آ گئی تو ان کو ایمان لانے سے اس کے سوا کوئی چیز مانع نہ ہوئی کہ کہنے لگے کہ کیا اللہ نے آدمی کو پیغمبر بنا کر بھیجا ہے؟

۹۵۔ فرما دیں کہ اگر زمین میں فرشتے ہوتے کہ زمین میں چلتے پھرتے اور آرام سے بستے تو ہم ان کے پاس فرشتے کو پیغمبر بنا کر بھیجتے۔

۹۶۔ فرما دیں کہ میرے اور تمہارے درمیان اللہ ہی گواہ کافی ہے وہی اپنے بندوں سے خبردار اور ان کو دیکھنے والا ہے۔

۹۷۔ اور جس شخص کو اللہ ہدایت دے وہی ہدایت پانے والا ہے اور جن کو گمراہ کرے تو آپ اللہ کے سوا ان کا مددگار نہیں پائیں گے اور ہم ان کو قیامت کے دن اوندھے منہ اندھے، گونگے اور بہرے بنا کر اٹھائیں گے اور ان کا ٹھکانا دوزخ ہے۔ جب اس کی آگ بجھنے کو ہوگی تو ہم ان کو عذاب دینے کے لیے اور بھڑکا دیں گے۔

۹۸۔ یہ ان کے لیے عذاب ہے، اس لیے کہ وہ ہماری آیتوں سے کفر کرتے تھے اور کہتے تھے کہ جب ہم مر کر بوسیدہ ہڈیاں اور ریزہ ریزہ ہو جائیں گے تو کیا از سر نو پیدا کیے جائیں گے؟

۹۹.	کیا انہوں نے نہیں دیکھا کہ اللہ جس نے آسمانوں اور زمین کو پیدا کیا ہے اس بات پر قادر ہے کہ ان جیسے لوگ پیدا کر دے اور اس نے ان کے لیے ایک وقت مقرر کر دیا ہے جس میں کچھ بھی شک نہیں تو ظالموں نے انکار کرنے کے سوا اسے قبول نہ کیا۔

۱۰۰.	فرما دیں کہ اگر میرے رب کی رحمت کے خزانے تمہارے ہاتھ میں ہوتے تو تم خرچ ہو جانے کے خوف سے ان کو بند کر رکھتے اور انسان دل کا بہت تنگ ہے۔

۱۰۱.	اور ہم نے موسیٰؑ کو نو کھلی نشانیاں دیں تو بنی اسرائیل سے دریافت کر لو کہ جب وہ ان کے پاس آئے تو فرعون نے ان سے کہا کہ موسیٰ! میں خیال کرتا ہوں کہ تم پر جادو کیا گیا ہے۔

۱۰۲.	انہوں نے کہا کہ تم یہ جانتے ہو کہ آسمانوں اور زمین کے رب کے سوا اس کو کسی نے نازل نہیں کیا اور یہ بھی تم لوگوں کے سمجھانے کو اور اے فرعون! میں خیال کرتا ہوں کہ تم ہلاک ہو جاؤ گے۔

۱۰۳.	تو اس نے چاہا کہ ان کو مصر سے نکال دے تو ہم نے اس کو اور جو اس کے ساتھ تھے سب کو ڈبو دیا

۱۰۴.	اور اس کے بعد بنی اسرائیل سے کہا کہ تم اس ملک میں رہو پھر جب آخرت کا وعدہ آ جائے گا تو ہم تم سب کو جمع کر کے لے آئیں گے۔

۱۰۵۔ اور ہم نے اس قرآن کو سچائی کے ساتھ نازل کیا ہے اور وہ سچائی کے ساتھ نازل ہوا اور (اے نبی!) ہم نے آپ کو صرف خوشخبری دینے والا اور ڈر سنانے والا بنا کر بھیجا ہے۔

۱۰۶۔ اور ہم نے قرآن کو جزو جزو کر کے نازل کیا ہے تاکہ آپ لوگوں کو ٹھہر ٹھہر کر پڑھ کر سناؤ اور ہم نے اس کو آہستہ آہستہ اتارا ہے۔

۱۰۷۔ فرما دیں کہ تم اس پر ایمان لاؤ یا نہ لاؤ یہ بذات خود حق ہے۔ جن لوگوں کو اس سے پہلے علم کتاب دیا گیا ہے جب وہ ان کو پڑھ کر سنایا جاتا ہے تو وہ ٹھوڑیوں کے بل سجدے میں گر پڑتے ہیں۔

۱۰۸۔ اور کہتے ہیں کہ ہمارا رب پاک ہے بیشک ہمارے رب کا وعدہ پورا ہو کر رہا۔

۱۰۹۔ اور وہ ٹھوڑیوں کے بل گر پڑتے ہیں اور روتے جاتے ہیں اور اس سے ان میں اور زیادہ عاجزی پیدا ہوتی ہے۔

۱۱۰۔ فرما دیں کہ تم اللہ کو اللہ کے نام سے پکارو یا رحمن کے نام سے، جس نام سے پکارو اس کے سب نام اچھے ہیں، اور نماز نہ بلند آواز سے پڑھو نہ آہستہ، بلکہ اس کے بیچ کا راستہ اختیار کرو۔

۱۱۱. اور فرمادیں کہ سب تعریف اللہ ہی کی ہے جس نے نہ تو کسی کو بیٹا بنایا ہے اور نہ ہی اس کی بادشاہی میں کوئی شریک ہے۔ اور نہ اس وجہ سے کہ وہ عاجز و ناتواں ہے کہ کوئی اس کا مددگار ہے اور اس کو بڑا جان کر اس کی بڑائی کرتے رہو۔

۱۸۔ سورۃ الکہف

۱. سب تعریف اللہ ہی کی ہے جس نے اپنے بندے (محمد صلی اللہ علیہ وآلہ وسلم) پر یہ کتاب نازل کی اوراس میں کسی طرح کی کجی اور پیچیدگی نہ رکھی۔

۲. بلکہ سیدھی اور آسان اتاری تاکہ لوگوں کو سخت عذاب سے جو اس کی طرف سے آنے والا ہے ڈرائے اور مومنوں کو جو نیک عمل کرتے ہیں خوشخبری سنائے کہ ان کے لیے ان کاموں کا نیک بدلہ (بہشت) ہے۔

۳. جس میں وہ ہمیشہ کے لیے رہیں گے۔

۴. اوران لوگوں کو بھی ڈرائے جو کہتے ہیں کہ اللہ نے بیٹا بنا لیا۔

۵. یہ ان کو اس بات کا کچھ بھی علم نہیں اور نہ ہی ان کے باپ دادا کو ہی تھا۔ یہ بڑی سخت بات ہے جو ان کے منہ سے نکلتی ہے اور کچھ شک نہیں کہ یہ جو کچھ کہتے ہیں محض جھوٹ ہے۔

۶. (اے پیغمبر ﷺ!) اگر یہ اس کلام پر ایمان نہ لائیں تو کیا آپ ان کے پیچھے رنج کر کے اپنے آپ کو ہلاک کر دیں گے۔

۷. جو چیز زمین کے لیے ہے ہم نے اس کو زمین کے لیے آرائش بنایا ہے تاکہ لوگوں کی آزمائش کریں کہ ان میں کون اچھے عمل کرنے والا ہے؟

۸. اور جو چیز زمین پر ہے ہم اس کو ختم کر کے چٹیل میدان کر دیں گے

۹. کیا آپ خیال کرتے ہیں کہ غار اور لوح والے ہماری نشانیوں سے عجیب تھے؟

۱۰. جب وہ جوان غار میں جا رہے تو کہنے لگے اے ہمارے پروردگار! ہم پر اپنے پاس سے رحمت نازل فرما اور ہمارے کام میں درستی کے سامان پیدا کر دے۔

۱۱. تو ہم نے غار میں کئی سال تک ان کے کانوں پر نیند کا پردہ ڈالا، یعنی ان کو سلائے رکھا۔

۱۲. پھر ان کو جگا اٹھایا تاکہ معلوم کریں کہ کتنی مدت وہ غار میں رہے؟ دونوں جماعتوں میں سے اس کی مقدار کس کو خوب یاد ہے؟

۱۳. ہم ان کے حالات ٹھیک ٹھیک بیان کرتے ہیں، وہ کئی جوان تھے، جو اپنے پروردگار پر ایمان لائے تھے۔ اور ہم نے ان کو اور زیادہ ہدایت دی تھی۔

۱۴.   اوران کے دلوں کو مضبوط کر دیا، جب وہ اٹھ کھڑے ہوئے تو کہنے لگے کہ ہمارا رب آسمانوں اور زمین کا مالک ہے ہم اس کے سوا کسی کو معبود سمجھ کر نہ پکاریں گے اگر ایسا کیا تو بے وقوفی کی بات کی۔

۱۵.   ہماری قوم کے لوگوں نے اس کے سوا اور معبود بنا رکھے ہیں بھلا یہ ان کے الٰہ ہونے پر کوئی کھلی دلیل کیوں نہیں لاتے؟ تو اس سے زیادہ کون ظالم ہے جو اللہ پر جھوٹا بہتان باندھے۔

۱۶.   اور جب ہم نے ان مشرکوں سے اور جن کو وہ اللہ کے سوا پوجتے ہیں کنارہ کر لیا تو اب اس غار میں جا بیٹھو تمہارا رب تم پر اپنی رحمت پھیلا دے گا اور تمہارے معاملہ میں تمہارے واسطے آسانی پیدا کر دے گا۔

۱۷.   اور جب سورج نکلے تو تم دیکھو کہ دھوپ ان کے غار سے داہنی طرف سمٹ جائے اور جب غروب ہو تو ان سے بائیں طرف کترا جائے اور وہ اس غار کی کھلی جگہ میں ہیں۔ یہ سب اللہ کی نشانیوں میں سے ہیں. جس کو اللہ ہدایت دے وہ ہدایت پا جاتا ہے اور جس کو گمراہ کرے تو تم اس کے لیے کوئی مددگار راہ بتانے والا نہ پاؤ گے۔

۱۸.   اور تم ان کو خیال کرو کہ جاگ رہے ہیں، حالانکہ وہ سوتے ہیں، اور ہم ان کو دائیں اور بائیں کروٹ بدلاتے ہیں اور ان کا کتا چوکھٹ پر دونوں ہاتھ پھیلائے ہوئے ہے اور اگر تم ان کو جھانک کر دیکھو تو پیٹھ پھیر کر بھاگ کھڑے ہو اور دہشت میں آ جاؤ۔

۱۹.   اوراسی طرح ہم نے ان کو اٹھایا تاکہ آپس میں ایک دوسرے سے پوچھیں، ایک کہنے والے نے کہا کہ تم یہاں کتنی مدت رہے ؟ انہوں نے کہا کہ ایک دن یا اس سے بھی کم۔ انہوں نے کہا کہ جتنی مدت بھی تم رہے ہو تمہارا رب ہی اسے خوب جانتا ہے۔ تم اپنے میں سے کسی کو روپیہ دے کر شہر بھیجو وہ دیکھے کہ عمدہ کھانا کون سا ہے تو اس میں سے کھانا لے آئے اور اسے نرم رویہ اختیار کرنا چاہیے اور تمہارا حال کسی سے نہ کہے۔

۲۰.   اگر وہ تم پر قابو پالیں گے تو تم کو سنگسار کر دیں گے یا پھر اپنے مذہب میں شامل کر لیں گے اور پھر تم کبھی فلاح نہ پاؤ گے۔

۲۱.   اوراسی طرح ہم نے لوگوں کو ان کے حال سے خبردار کر دیا تاکہ وہ جانیں کہ اللہ کا وعدہ سچا ہے اور قیامت کہ جس کا وعدہ کیا جاتا ہے اس میں کچھ شک نہیں۔ اس وقت لوگ آپس میں جھگڑنے لگے اور کہنے لگے کہ ان کے غار پر عمارت بنادو۔ ان کا رب ان کے حال سے خوب واقف ہے جو لوگ ان کے معاملہ میں غالب تھے وہ کہنے لگے کہ ہم ان کے غار پر مسجد بنائیں گے۔

۲۲.   بعض لوگ کہیں گے کہ وہ تین تھے اور چوتھا ان کا کتا تھا اور بعض کہیں گے کہ وہ پانچ تھے اور چھٹا ان کا کتا تھا، اور بعض کہیں گے کہ وہ سات تھے اور آٹھواں ان کا کتا تھا۔ فرمادیں کہ میرا رب ہی ان کے شمار سے خوب واقف ہے، ان کو جانتے بھی ہیں تو تھوڑے لوگ جانتے ہیں تو آپ ان کے معاملہ میں گفتگو نہ کرنا، مگر سرسری سی گفتگو۔ اور نہ ان کے بارے میں ان سے کچھ دریافت ہی کرنا۔

۲۳.	اور کسی کام کی نسبت نہ کہنا کہ میں اسے کل کر دوں گا

۲۴.	مگر انشاء اللہ کہہ کر (اگر اللہ چاہے تو کر دوں گا) اور جب اللہ کا نام لینا بھول جاؤ تو یاد آنے پر لے لو اور کہہ دیں کہ امید ہے کہ میرا رب مجھے اس سے بھی زیادہ ہدایت کی باتیں بتائے۔

۲۵.	اور اصحاب کہف اپنے غار میں نو اوپر تین سو سال رہے

۲۶.	کہہ دیں کہ جتنی مدت وہ رہے اسے اللہ ہی خوب جانتا ہے اسی کو آسمانوں اور زمین کی پوشیدہ باتیں معلوم ہیں وہ کیا خوب دیکھنے والا اور کیا خوب سننے والا ہے۔ اس کے سوا ان کا کوئی کارساز نہیں اور نہ وہ اپنے حکم میں کسی کو شریک کرتا ہے۔

۲۷.	اور اپنے اللہ کی کتاب کو جو تمہارے پاس بھیجی جاتی ہے پڑھتے رہا کرو۔ اس کی باتوں کو کوئی بدلنے والا نہیں اور اس کے سوا تم کہیں پناہ بھی نہ پاؤ گے۔

۲۸.	اور جو لوگ صبح شام اپنے رب کو پکارتے ہیں اور اس کی رضا کے طلبگار ہیں ان کے ساتھ صبر کرتے رہو اور تمہاری نگاہیں ان میں سے گزر کر اور طرف نہ دوڑیں کہ تم آرائش زندگی یعنی دنیا کے خواستگار ہو جاؤ، اور جس شخص کے دل کو ہم نے اپنی یاد سے غافل کر دیا ہے اور وہ اپنی خواہش کی پیروی کرتا ہے اور اس کا کام حد سے بڑھ گیا ہے اس کا کہا نہ ماننا

۲۹.	اور کہہ دو کہ لوگو! یہ (قرآن) تمہارے رب کی طرف سے برحق ہے تو جو چاہے ایمان لائے اور جو چاہے کافر رہے ہم نے ظالموں کے لیے دوزخ کی آگ تیار کر رکھی ہے جس کی قناتیں ان کو گھیر رہی ہوں گی اور اگر فریاد کریں گے تو ایسے کھولتے ہوئے پانی سے ان کی دادرسی کی جائے گی جو پگھلے ہوئے تانبے کی طرح گرم ہوگا جو مونہوں کو بھون ڈالے گا۔ ان کے پینے کا پانی بھی برا اور آرام گاہ بھی بری۔

۳۰.	اور جو ایمان لائے اور کام بھی نیک کرتے رہے تو ہم نیک عمل کرنے والوں کا اجر ضائع نہیں کرتے۔

۳۱.	ایسے لوگوں کے لیے ہمیشہ رہنے کے باغات ہیں جن میں ان کے محلوں کے نیچے نہریں بہہ رہی ہیں، ان کو وہاں سونے کے کنگن پہنائے جائیں گے اور وہ باریک دیبا اور اطلس کے سبز کپڑے پہنا کریں گے اور تختوں پر تکیے لگا کر بیٹھا کریں گے کیا خوب بدلہ اور کیا خوب آرام گاہ ہے۔

۳۲.	اور ان سے دو آدمیوں کا حال بیان کریں جن میں سے ایک کو ہم نے انگور کے دو باغ دیے تھے۔ اور ان کے گرد کھجوروں کے درخت لگا دیے تھے اور ان کے درمیان کھیتی پیدا کر دی تھی۔

۳۳.	دونوں باغ خوب زیادہ پھل لاتے اور اس کی پیداوار میں کسی طرح کی کمی نہ ہوتی اور دونوں میں ہم نے ایک نہر بھی جاری کر رکھی تھی۔

۳۴. اور اس طرح اس آدمی کو ان کی پیداوار ملتی رہتی تھی۔ تو ایک دن جب وہ اپنے دوست سے باتیں کر رہا تھا کہنے لگا میں تم سے مال و دولت میں بھی زیادہ ہوں اور جمعیت کے لحاظ سے بھی تم سے زیادہ عزت والا ہوں۔

۳۵. اور ایسی شیخیوں سے اپنے حق میں ظلم کرتا ہوا اپنے باغ میں داخل ہوا اور کہنے لگا میں نہیں سوچتا کہ یہ باغ کبھی تباہ ہو۔

۳۶. اور نہ خیال کرتا ہوں کہ قیامت برپا ہو۔ اگر میں اپنے رب کی طرف لوٹایا بھی جاؤں تو وہاں ضرور اس سے اچھی جگہ پاؤں گا۔

۳۷. تو اس کا دوست جو اس سے بات چیت کر رہا تھا۔ کہنے لگا کہ کیا تم اس اللہ سے کفر کرتے ہو جس نے تم کو مٹی سے پیدا کیا، پھر نطفے سے، پھر تمہیں پورا مرد بنایا۔

۳۸. مگر میں تو یہ کہتا ہوں کہ اللہ ہی میرا رب ہے اور میں اپنے رب کے ساتھ کسی کو شریک نہیں کرتا

۳۹. اور بھلا جب تم اپنے باغ میں داخل ہوئے تو تم نے مَاشَاءَ اللّٰہُ لَا قُوَّۃَ اِلَّا بِاللّٰہِ کیوں نہ کہا؟ اگر تم مجھے مال اولاد میں کم تر دیکھتے ہو۔

۴۰. تو عجب نہیں کہ میرا رب مجھے تمہارے باغ سے بہتر عطا فرمائے اور تمہارے اس باغ پر آسمان سے آفت بھیج دے، تو وہ صاف میدان ہو جائے (برباد ہو جائے)

۴۱. یا اس کی نہر کا پانی گہرا ہو جائے تو پھر تم اسے نہ لا سکو۔ (پانی خشک ہو جائے)

۴۲. تواس کے پھل تباہ ہو گئے۔ (عذاب نے آگھیرا) اور وہ اپنی چھتریوں پر گر کر رہ گیا۔ تو جو مال اس نے اس پر خرچ کیا تھا، اس پر ہاتھ ملنے لگا اور کہنے لگا کہ کاش میں اپنے رب کے ساتھ کسی کو شریک نہ بناتا

۴۳. اس وقت اللہ کے سوا کوئی جماعت اس کی مدد نہ کر سکی اور نہ وہ بدلہ لے سکا۔

۴۴. یہاں سے ثابت ہوا کہ حکومت پوری کی پوری سچے اللہ کی ہے اسی کا صلہ بہتر ہے اور اسی کا بدلہ اچھا ہے۔

۴۵. اور ان سے دنیا کی زندگی کی مثال بھی بیان کر دو، وہ ایسی ہے، جیسے پانی۔ جسے ہم نے آسمان سے برسایا تو اس کے ساتھ زمین میں رلا ملا سبزہ نکالا، پھر گل سڑ کر چورا چور ہو گیا اور ہوائیں اسے اڑاتی پھرتی ہیں اور اللہ تو ہر چیز پر قدرت رکھتا ہے۔

۴۶. مال اور بیٹے تو دنیا کی رونق اور زینت ہیں اور نیکیاں جو باقی رہنے والی ہیں وہ ثواب کے لحاظ سے تمہارے رب کے ہاں بہت اچھی اور امید کے لحاظ سے بہت بہتر ہیں۔

۴۷. اور جس دن ہم پہاڑوں کو چلائیں گے اور تم زمین کو صاف میدان دیکھو گے اور ان لوگوں کو ہم جمع کر لیں گے تو ان میں سے کسی کو بھی نہیں چھوڑیں گے

۴۸. اور سب تمہارے پروردگار کے سامنے صف باندھ کر لائے جائیں گے تو ہم ان سے کہیں گے. جس طرح ہم نے تم کو پہلی بار پیدا کیا تھا اسی طرح آج تم ہمارے سامنے

آئے، لیکن تم نے تو یہ خیال کر رکھا تھا کہ ہم نے تمہارے لیے قیامت کا کوئی وقت ہی مقرر نہیں کیا

۴۹۔ اور عملوں کی کتاب کھول کر رکھی جائے گی تو تم گنہگاروں کو دیکھو گے کہ جو کچھ اس میں لکھا ہو گا اس سے ڈر رہے ہوں گے اور کہیں گے ہائے شامت! یہ کیسی کتاب ہے کہ نہ چھوٹی بات کو چھوڑتی ہے نہ بڑی کو، کوئی بات بھی نہیں مگر اسے لکھ رکھا ہے، اور جو عمل کیے ہوں گے سب کو حاضر پائیں گے اور آپ کا رب کسی پر ظلم نہیں کرے گا۔

۵۰۔ اور جب ہم نے فرشتوں کو حکم دیا تھا کہ آدم کو سجدہ کرو تو سب نے سجدہ کیا مگر ابلیس نے نہ کیا وہ جنات میں سے تھا تو اپنے رب کے حکم سے باہر ہو گیا، کیا تم اس کو اور اس کی اولاد کو میرے سوا دوست بناتے ہو؟ حالانکہ وہ تمہارے دشمن ہیں اور شیطان کی دوستی ظالموں کے لیے اللہ کی دوستی کا برا بدل ہے۔

۵۱۔ میں نے ان کو نہ تو آسمانوں اور زمین کے پیدا کرنے کے وقت بلایا تھا اور نہ خود ان کے پیدا کرنے کے وقت، اور میں ایسا نہ تھا کہ گمراہ کرنے والوں کو مددگار بناتا۔

۵۲۔ اور جس دن اللہ فرمائے گا، اب میرے شریکوں کو جن کو تم اللہ کے شریک مانتے تھے، بلاؤ۔ تو وہ ان کو بلائیں گے۔ مگر وہ ان کو کچھ جواب نہ دیں گے اور ہم ان کے بیچ میں ایک ہلاکت کی جگہ بنا دیں گے۔

۵۳. اور گنہگار لوگ دوزخ کو دیکھیں گے تو یقین کرلیں گے کہ وہ اس میں پڑنے والے ہیں اور اس سے بچنے کا کوئی رستہ نہ پائیں گے ۔

۵۴. اور ہم نے اس قرآن میں لوگوں کو سمجھانے کے لیے طرح طرح کی مثالیں بیان کی ہیں ۔ لیکن انسان سب سے زیادہ جھگڑالو ہے ۔

۵۵. اور لوگوں کے پاس جب ہدایت آگئی تو ان کو کس چیز نے منع کیا کہ ایمان لائیں اور اپنے رب سے بخشش مانگیں ۔ سوائے اس کے کہ اس بات کے منتظر ہوں کہ انہیں بھی پہلوں کا سا معاملہ پیش آئے یا ان پر عذاب سامنے موجود ہو ۔

۵۶. اور ہم جو پیغمبروں کو بھیجا کرتے ہیں تو صرف اس لیے کہ لوگوں کو (اللہ کی نعمتوں کی) خوشخبریاں سنائیں اور (عذاب سے) ڈرائیں اور جو کافر ہیں وہ (باطل) جھوٹا جھگڑا کرتے ہیں تاکہ اس سے حق کو ٹال دیں اور انہوں نے ہماری آیتوں کو اور جس چیز سے ان کو ڈرایا جاتا ہے ہنسی بنا لیا ۔

۵۷. اور اس سے ظالم کون جس کو اس کے رب کے کلام سے سمجھایا گیا تو اس نے اس سے منہ پھیر لیا ، اور جو اعمال وہ آگے کر چکا اس کو بھول گیا ۔ ہم نے ان کے دلوں پر پردے ڈال دیے کہ اسے سمجھ نہ سکیں اور کانوں میں ثقل پیدا کر دیا ہے کہ سن نہ سکیں اور اگر آپ ان کو رستے کی طرف بلائیں تو کبھی رستے پر نہ آئیں گے

۵۸. اور آپ کا رب بخشنے والا مہربان ہے، اگر وہ ان کے عملوں پر ان کو پکڑنے لگے تو ان پر جھٹ عذاب بھیج دے مگر ان کے لیے ایک وقت مقرر کر رکھا ہے کہ اس کے عذاب سے کوئی پناہ کی جگہ نہ پائیں گے۔

۵۹. اور یہ بستیاں جو ویران پڑی ہیں جب انہوں نے کفر سے ظلم کیا تو ہم نے ان کو تباہ کر دیا اور ان کی تباہی کے لیے ایک وقت مقرر کر دیا تھا

۶۰. اور جب موسیٰ نے اپنے خادم سے کہا جب تک میں دو دریاؤں کے ملنے کی جگہ تک نہ پہنچ جاؤں ہٹنے کا نہیں، خواہ مدتوں چلتا رہوں۔

۶۱. جب ان کے ملنے کے مقام پر پہنچے تو اپنی مچھلی بھول گئے تو اس نے دریا میں سرنگ کی طرح اپنا راستہ بنا لیا۔

۶۲. جب آگے چلے تو موسیٰ نے اپنے خادم سے کہا ہمارے لیے کھانا لاؤ اس سفر سے ہمیں بڑی تھکان ہو گئی ہے۔

۶۳. اس نے کہا بھلا آپ نے دیکھا کہ جب ہم نے پتھر کے ساتھ آرام کیا تھا تو میں مچھلی وہیں بھول گیا، اور مجھے آپ سے اس کا ذکر کرنا شیطان نے بھلا دیا، اور اس نے عجب طرح سے دریا میں اپنا راستہ لیا۔

۶۴. موسیٰ نے کہا یہی وہ مقام ہے جسے ہم تلاش کرتے تھے۔ تو وہ اپنے قدموں کے نشانات کو دیکھ کر لوٹ گئے۔

۶۵. وہاں انہوں نے ہمارے بندوں میں سے ایک بندے کو دیکھا جس کو ہم نے اپنے ہاں سے رحمت عطا فرمائی اور اپنے پاس سے علم سکھایا تھا۔

۶۶. موسیٰ نے اس سے کہا جو علم اللہ کی طرف سے آپ کو سکھایا گیا ہے اگر آپ اس میں سے کچھ بھلائی کی باتیں مجھے سکھائیں تو میں آپ کے ساتھ رہوں۔

۶۷. اس نے کہا آپ میرے ساتھ ہرگز (نہ ٹھہر سکیں گے) صبر نہ کر سکیں گے۔

۶۸. اور جس بات کی تمہیں خبر ہی نہیں اس پر صبر کیسے کر سکتے ہو۔

۶۹. موسیٰ نے کہا اللہ نے چاہا تو آپ مجھے صابر پائیں گے اور میں آپ کے کہنے کے خلاف نہیں کروں گا۔

۷۰. (خضر) بولا پھر اگر میرے ساتھ رہنا ہے تو شرط یہ ہے، مجھ سے کوئی بات نہ پوچھنا، جب تک میں خود اس کا ذکر تم سے نہ کروں۔

۷۱. تو دونوں چل پڑے یہاں تک کہ جب کشتی میں سوار ہوئے تو اس نے کشتی میں سوراخ کر دیا۔ موسیٰ نے کہا کیا آپ نے اس لیے سوراخ کر دیا ہے کہ سواروں کو غرق کر دیں یہ تو آپ نے بڑی عجیب بات کی ہے؟

۷۲. اس نے کہا کیا میں نے نہیں کہا تھا کہ تم میرے ساتھ صبر نہ کر سکو گے۔

۷۳. موسیٰ نے کہا کہ جو بھول مجھ سے ہوئی اس پر پکڑ نہ کیجئے اور میرے معاملہ میں مجھ پر مشکل نہ ڈالیے۔

۷۴. پھر دونوں چلے یہاں تک کہ راستہ میں ایک لڑکا ملا تو اس نے اسے مار ڈالا۔ موسیٰ نے کہا کہ آپ نے ایک بے گناہ شخص کو ناحق بغیر قصاص کے مار ڈالا۔ یہ تو آپ نے بری بات کی۔

۷۵. اس نے کہا کیا میں نے نہیں کہا تھا کہ تم سے میرے ساتھ صبر نہ ہو سکے گا؟

۷۶. انہوں نے کہا کہ اگر اس کے بعد پھر کوئی اعتراض کروں تو مجھے اپنے ساتھ نہ رکھیں کیونکہ آپ میری طرف سے عذر قبول کرنے میں انتہا کو پہنچ گئے۔

۷۷. ھر دونوں چلے یہاں تک کہ ایک گاؤں میں پہنچے اور ان سے کھانا طلب کیا۔ انہوں نے کھانا دینے سے انکار کر دیا۔ پھر انہوں نے وہاں ایک دیوار دیکھی جو گرنے والی تھی تو اس (خضر) نے اس کو سیدھا کر دیا۔ موسیٰ نے کہا اگر آپ چاہتے تو ان سے اس کا معاوضہ لیتے (تاکہ کھانے کا کام چلتا۔)

۷۸. اس نے کہا اب مجھ میں اور تم میں علیحدگی ہے مگر جن باتوں پر تم صبر نہ کر سکے میں ان کا بھید تمہیں بتائے دیتا ہوں۔

۷۹. جو کشتی تھی غریب لوگوں کی تھی جو دریا میں محنت کر کے روزی کماتے تھے اور ان کے سامنے ایک بادشاہ تھا جو ہر ایک کشتی کو زبردستی چھین لیتا تھا تو میں نے چاہا اس کو عیب دار کر دوں (تاکہ وہ اس کو چھین نہ سکے۔)

۸۰۔   اور وہ جو لڑکا تھا اس کے ماں باپ بڑے نیک لوگ تھے ہمیں اندیشہ ہوا کہ وہ بڑا ہو کر کہیں ان کو سرکشی اور کفر میں نہ پھنسا دے۔

۸۱۔   تو ہم نے چاہا کہ اللہ تعالیٰ اس کی جگہ ان کو اور بچہ عطا کر دے جو نیک خصلت ہو اور مخلص ہو۔

۸۲۔   اور وہ جو دیوار تھی وہ دو یتیم لڑکوں کی تھی جو شہر میں رہتے تھے اور اس کے نیچے ان کا خزانہ دفن تھا اور ان کا باپ ایک نیک آدمی تھا تو تمہارے رب نے چاہا کہ وہ اپنی جوانی کو پہنچ کر اپنا خزانہ لے لیں یہ تمہارے رب کی مہربانی ہے اور یہ کام میں نے اپنی طرف سے نہیں کیے۔ یہ ان باتوں کی حقیقت ہے جن پر تم صبر نہ کر سکے۔

۸۳۔   اور آپ سے ذوالقرنین کے بارے میں دریافت کرتے ہیں کہہ دو کہ میں اس کا کسی قدر حال تمہیں پڑھ کر سنا تا ہوں۔

۸۴۔   ہم نے اس کو زمین میں بڑی دسترس دی تھی اور ہر طرح کا سامان عطا کیا تھا۔

۸۵۔   تو اس نے سفر کا ایک سامان کیا۔

۸۶۔   یہاں تک کہ جب سورج کے غروب ہونے کی جگہ پہنچا تو اسے ایسا پایا کہ کیچڑ کی ندی میں ڈوب رہا ہے اور اس ندی کے پاس ایک قوم دیکھی۔ ہم نے کہا ذوالقرنین! تم ان کو خواہ تکلیف دو، خواہ ان کے بارے میں بھلائی اختیار کرو (دونوں باتوں کی تم کو قدرت ہے۔)

۸۷۔ ذوالقرنین نے کہا کہ جو کفر و بد کرداری سے ظلم کرے گا اسے ہم عذاب دیں گے ، پھر جب وہ اپنے رب کی طرف لوٹایا جائے گا تو وہ بھی اسے برا عذاب دے گا۔

۸۸۔ اور جو ایمان لائے گا اور نیک عمل کرے گا اس کے لیے بہت اچھا بدلہ ہے اور ہم اپنے معاملہ میں اس سے نرم بات کہیں گے۔

۸۹۔ پھر اس نے ایک اور سامان سفر کا کیا۔

۹۰۔ یہاں تک کہ سورج کے طلوع ہونے کے مقام پر پہنچا تو دیکھا کہ وہ ایسے لوگوں پر طلوع ہوتا ہے جن کے لیے ہم نے سورج کے اس طرف کوئی اوٹ نہیں بنائی تھی۔

۹۱۔ حقیقت الحال یوں تھی اور جو کچھ اس کے پاس تھا ہم کو سب کی خبر تھی۔

۹۲۔ پھر وہ ایک راستہ پر چل نکلا۔

۹۳۔ یہاں تک کہ دو دیواروں کے درمیان پہنچا تو دیکھا کہ ان کے اس طرف کچھ لوگ ہیں کہ بات کو سمجھ نہیں سکتے۔

۹۴۔ ان لوگوں نے کہا کہ ذوالقرنین! یاجوج اور ماجوج زمین میں فساد کرتے رہتے ہیں بھلا ہم آپ کے لیے خرچ کا انتظام کر دیں کہ آپ ہمارے اور ان کے درمیان ایک دیوار کھینچ دیں۔

۹۵۔ ذوالقرنین نے کہا کہ خرچ کا جو مقدور اللہ نے مجھے بخشا ہے وہ بہت اچھا ہے تم مجھے قوت بازو سے مدد دو میں تمہارے اور ان کے درمیان ایک مضبوط اوٹ بنا دوں گا۔

۹۶. تو تم لوہے کے بڑے بڑے تختے لاؤ تا کہ کام شروع کر دیا جائے یہاں تک کہ جب اس نے دونوں پہاڑوں کے درمیان کا حصہ برابر کر دیا اور کہا کہ اب اسے دھونکو۔ یہاں تک کہ جب اس کو دھونک دھونک کر آگ کر دیا تو کہا کہ اب میرے پاس تانبہ لاؤ کہ اس پر پگھلا کر ڈال دوں۔

۹۷. پھر ان میں یہ قدرت نہ رہی کہ اس پر چڑھ سکیں اور نہ یہ طاقت رہی کہ اس میں نقب لگا سکیں۔

۹۸. بولا کہ یہ میرے رب کی مہربانی ہے۔ جب میرے رب کا وعدہ آپہنچے گا تو اس کو گرا کر ہموار کر دے گا اور میرے رب کا وعدہ سچا ہے۔

۹۹. اس روز ہم ان کو چھوڑ دیں گے کہ روئے زمین پر پھیل کر ایک دوسرے میں گھس جائیں گے اور صور پھونکا جائے گا تو ہم سب کو جمع کر لیں گے۔

۱۰۰. اور اس روز جہنم کو کفار کے سامنے لائیں گے۔

۱۰۱. جن کی آنکھیں میری یاد سے پردے میں تھیں اور وہ سننے کی طاقت نہیں رکھتے تھے۔

۱۰۲. کیا کافر یہ خیال کرتے ہیں کہ وہ ہمارے بندوں کو ہمارے سوا اپنا کارساز بنائیں گے تو ہم خفا نہیں ہوں گے، ہم نے ایسے کافروں کے لیے جہنم کی مہمانی تیار کر رکھی ہے۔

۱۰۳. فرما دیں کہ ہم تمہیں بتائیں جو عملوں کے لحاظ سے بڑے نقصان میں ہیں۔

۱۰۴۔ وہ لوگ جن کی سعی دنیا کی زندگی میں برباد ہوگئی اور وہ یہ سمجھے ہوئے ہیں کہ اچھے کام کررہے ہیں۔

۱۰۵۔ یہ وہ لوگ ہیں جنہوں نے اپنے رب کی آیتوں کا انکار کیا تو ان کے اعمال ضائع ہو گئے، اور ہم قیامت کے دن ان کے لیے کچھ بھی وزن قائم نہیں کریں گے۔

۱۰۶۔ یہ ان کی سزا ہے جہنم اس لیے کہ انہوں نے کفر کیا، ہماری آیتوں اور ہمارے پیغمبروں کی ہنسی اڑائی۔

۱۰۷۔ جو لوگ ایمان لائے اور نیک کیے عمل ان کے لیے بہشت کے باغ مہمانی ہوں گے۔

۱۰۸۔ ہمیشہ ان میں رہیں گے اور وہاں سے مکان بدلنا نہ چاہیں گے۔

۱۰۹۔ فرمادیں کہ میرے رب کی باتیں لکھنے کے لیے اگر سمندر سیاہی ہو تو وہ باتیں ختم ہونے سے پہلے ختم ہو جائے اگرچہ ویسا ہی سمندر اور بھی استعمال میں لایا جائے۔

۱۱۰۔ فرمادیں کہ میں تمہاری طرح کا ایک بشر ہوں۔ البتہ میری طرف وحی آتی ہے کہ تمہارا معبود ایک ہی ہے۔ تو جو شخص اپنے رب سے ملنے کی امید رکھے تو اسے چاہیے کہ نیک عمل کرے اور اپنے رب کی عبادت میں کسی کو شریک نہ بنائے۔

۱۹۔ سورۃ مریم

۱.　　کھیعص

۲.　　یہ تمہارے رب کی مہربانی کا بیان ہے جو اس نے اپنے بندے زکریاؑ پر کی تھی۔

۳.　　جب انہوں نے اپنے رب کو دبی آواز سے پکارا۔

۴.　　اور کہا کہ اے میرے رب! میری ہڈیاں بڑھاپے کے سبب کمزور ہو گئی ہیں اور سر سفید ہو گیا ہے اور اے میرے رب! میں تجھ سے مانگ کر کبھی محروم نہیں رہا۔

۵.　　اور میں اپنے پیچھے اپنے بھائی بندوں سے ڈرتا ہوں اور میری بیوی بانجھ ہے۔ تو مجھے اپنے پاس سے ایک وارث عطا فرما۔

۶.　　جو میری اور اولاد یعقوبؑ کی میراث کا مالک ہو اور اے میرے رب! اسے پسندیدہ انسان بنانا۔

۷.　　اے زکریاؑ! ہم تم کو ایک بیٹے کی خوشخبری دیتے ہیں جس کا نام یحییٰ ہے۔ اس سے پہلے ہم نے اس نام کا کوئی شخص پیدا نہیں کیا۔

۸۔ انہوں نے کہا اے اللہ! میرے ہاں کس طرح لڑکا پیدا ہوگا۔ اس حال میں کہ میری بیوی بانجھ ہے اور میں بڑھاپے کی انتہا کو پہنچ گیا ہوں۔

۹۔ حکم ہوا کہ اسی طرح ہوگا تمہارے رب نے فرمایا ہے کہ مجھے یہ آسان ہے اور میں پہلے تمہیں بھی تو پیدا کر چکا ہوں اور تم کچھ چیز نہ تھے

۱۰۔ کہا کہ پروردگار میرے لیے کوئی نشانی مقرر فرما۔ فرمایا نشانی یہ ہے کہ تم ٹھیک ٹھاک ہونے کے باوجود تین رات لوگوں سے بات نہ کر سکو گے۔

۱۱۔ پھر وہ (عبادت کے حجرے سے) نکل کر اپنی قوم کے پاس آئے تو ان سے اشارے سے کہا کہ صبح و شام اللہ کو یاد کرتے رہو۔

۱۲۔ اے یحییٰ! ہماری (کتاب) کو زور سے پکڑے رہو اور ہم نے ان کو لڑکپن میں ہی دانائی عطا فرمائی تھی۔

۱۳۔ اور اپنے پاس سے شفقت اور پاکیزگی دی تھی اور پرہیز گار تھے۔

۱۴۔ اور ماں باپ کے ساتھ نیکی کرنے والے تھے، اور سرکش اور نافرمان نہیں تھے۔

۱۵۔ جس دن وہ پیدا ہوئے اور جس دن وہ وفات پائیں گے اور جس دن زندہ کر کے اٹھائے جائیں گے ان پر سلام اور رحمت ہے۔

۱۶.	اور کتاب (قرآن) میں مریم کا ذکر کرو جب وہ اپنے لوگوں سے الگ ہو کر مشرق جانب چلی گئیں۔

۱۷.	تو انھوں نے ان کی طرف سے پردہ کر لیا اس وقت ہم نے ان کی طرف اپنا فرشتہ بھیجا جو ان کے سامنے ٹھیک آدمی کی شکل میں گیا۔

۱۸.	مریم بولیں کہ اگر تم پرہیزگار ہو تو میں تم سے اللہ کی پناہ مانگتی ہوں۔

۱۹.	انہوں نے کہا کہ میں تو تمہارے رب کی طرف سے بھیجا ہوا (فرشتہ) ہوں اور اس لیے آیا ہوں کہ تمہیں پاکیزہ لڑکا بخشوں۔

۲۰.	مریم نے کہا کہ میرے ہاں لڑکا کیونکر ہو گا مجھے تو کسی بشر نے چھوا تک نہیں اور میں بدکار بھی نہیں ہوں۔

۲۱.	فرشتے نے کہا کہ یونہی ہو گا، تمہارے رب نے فرمایا کہ یہ مجھے آسان ہے (میں اسے اسی طریق پر پیدا کروں گا) تاکہ اس کو لوگوں کے لیے اپنی طرف سے نشانی اور رحمت و مہربانی کا ذریعہ بناؤں اور یہ کام مقرر ہو چکا ہے۔

۲۲.	تو وہ اس بچہ کے ساتھ حاملہ ہو گئیں اور اسے لے کر ایک دور جگہ چلی گئیں۔

۲۳.	پھر دردِ زہ ان کو کھجور کے تنے کی طرف لے آیا۔ کہنے لگیں کہ کاش میں اس سے پہلے مر چکتی اور بھول بھال چکی ہوتی۔

۲۴.	اس وقت ان کے نیچے کی جانب سے فرشتے نے آواز دی کہ غمگین نہ ہو تمہارے رب نے تمہارے نیچے ایک چشمہ جاری کر دیا ہے۔

۲۵.	اور کھجور کے تنے کو پکڑ کر اپنی طرف ہلاؤ تم پر تازہ کھجوریں جھڑ پڑیں گی۔

۲۶.	تو کھاؤ اور پیو اور آنکھیں ٹھنڈی رکھو، اگر تم کسی آدمی کو دیکھو تو کہنا میں نے اللہ کے لیے روزے کی منت مانی ہے کہ آج میں کسی سے کلام نہیں کروں گی۔

۲۷.	پھر وہ اپنے بچے کو اٹھا کر اپنی قوم کے لوگوں کے پاس لے آئیں۔ وہ کہنے لگے کہ مریم یہ تو تو نے برا کام کیا۔

۲۸.	اے ہارونؑ کی بہن! نہ تو تیرا باپ ہی بد کردار تھا اور نہ تیری ماں ہی بدکار تھی۔

۲۹.	تو مریم نے اس بچے کی طرف اشارہ کیا۔ وہ بولے کہ ہم اس گود کے بچے سے کیسے بات کریں؟

۳۰.	اس (عیسیٰ) نے کہا کہ میں اللہ کا بندہ ہوں، اس نے مجھے کتاب دی ہے اور نبی بنایا ہے۔

۳۱.	اور میں جہاں ہوں جس حال میں ہوں مجھے برکت والا بنایا ہے اور جب تک زندہ ہوں مجھے نماز کا زکوٰۃ کا حکم دیا ہے۔

۳۲.	اور مجھے اپنی ماں کے ساتھ نیک سلوک کرنے والا بنایا ہے، سرکش اور بدبخت نہیں بنایا۔

۳۳.　اور جس دن میں پیدا ہوا اور جس دن مروں گا اور جس دن زندہ کر کے اٹھایا جاؤں گا مجھ پر سلام و رحمت ہے۔

۳۴.　یہ مریم کے بیٹے عیسیٰؑ ہیں اور یہ سچی بات ہے. جس میں لوگ شک کرتے ہیں۔

۳۵.　اللہ کو ضرورت نہیں کہ کسی کو بیٹا بنائے وہ پاک ہے جب کسی کام کا ارادہ کرتا ہے تو اس کو یہی کہتا ہے ہو جا تو وہ ہو جاتا ہے۔

۳۶.　اور بیشک اللہ ہی میرا اور تمہارا پروردگار ہے تو اسی کی عبادت کرو۔ یہی سیدھا راستہ ہے۔

۳۷.　پھر (اہل کتاب کے) فرقوں نے آپس میں اختلاف کیا۔ تو جو لوگ کافر ہوئے ہیں ان کے لیے بڑے دن یعنی قیامت کے دن حاضر ہونے میں ہلاکت ہے۔

۳۸.　وہ جس دن ہمارے سامنے آئیں گے کیسے سننے والے اور کیسے دیکھنے والے ہوں گے ، مگر ظالم آج کھلی گمراہی میں ہیں۔

۳۹.　اور ان کو حسرت و افسوس کے دن سے ڈرائیں جب بات کا فیصلہ کر دیا جائے گا۔ وہ بھول رہے ہیں اور غفلت میں پڑے ہوئے ہیں اور ایمان نہیں لاتے۔

۴۰.　اور ہم وارث ہوں گے زمین کے اور جو کچھ اس میں ہے اور وہ ہماری ہی طرف پھر آئیں گے۔

۴۱.　اور کتاب میں ابراہیمؑ کو یاد کرو بیشک وہ نہایت سچے پیغمبر تھے۔

۴۲. جب انہوں نے اپنے باپ سے کہا کہ اے ابا جان! آپ ایسی چیزوں کو کیوں پوجتے ہیں جو نہ سنیں اور نہ دیکھیں اور نہ آپ کے کچھ کام آسکیں؟۔

۴۳. اے ابا جان! مجھے ایسا علم ملا ہے جو آپ کو نہیں ملا تو آپ میرے ساتھ مل جائیں میں آپ کو سیدھی راہ پر چلادوں گا۔

۴۴. اے ابا شیطان کی پوجا نہ کریں بیشک شیطان اللہ کا نافرمان ہے۔

۴۵. اے ابا جان! مجھے ڈر لگتا ہے کہ آپ کو اللہ کا عذاب آ پکڑے تو آپ شیطان کے ساتھی ہو جائیں۔

۴۶. اس نے کہا کہ ابراہیمؑ! کیا تو میرے معبودوں سے برگشتہ ہے؟ اگر تو باز نہ آئے گا تو میں تمہیں سنگسار کروں گا اور تو ہمیشہ کے لیے مجھ سے دور ہو جا۔

۴۷. ابراہیمؑ نے سلام علیکم کہا اور کہا کہ میں تو آپ کے لیے اپنے رب سے بخشش مانگوں گا وہ مجھ پر بہت مہربان ہے۔

۴۸. اور میں آپ لوگوں سے اور جن کو آپ اللہ کے سوا پکارا کرتے ہیں ان سے کنارہ کرتا ہوں اور اپنے رب کو ہی پکاروں گا۔ امید ہے کہ میں اپنے رب کو پکار کر محروم نہیں رہوں گا۔

۴۹. اور جب ابراہیمؑ ان لوگوں سے اور جن کی وہ اللہ کے سوا پوجا کرتے تھے، الگ ہو گئے تو ہم نے ان کو اسحاقؑ اور (اس کے بعد) یعقوبؑ بخشے اور سب کو پیغمبر بنایا۔

۵۰۔ اور ان کو اپنی رحمت سے بہت سی چیزیں عنایت کیں اور ان کا ذکر جمیل بلند کیا۔

۵۱۔ اور کتاب میں موسیٰؑ کا بھی ذکر کرو بیشک وہ ہمارے برگزیدہ پیغمبر اور رسول تھے۔

۵۲۔ اور ہم نے ان کو طور کی دا ہنی طرف پکارا اور باتیں کرنے کے لیے نزدیک بلایا۔

۵۳۔ اور اپنی مہربانی سے ان کو ان کا بھائی ہارونؑ پیغمبر عطا کیا۔

۵۴۔ اور کتاب میں اسمٰعیلؑ کا ذکر بھی کرو کہ وہ وعدے کے سچے اور ہمارے بھیجے ہوئے نبی تھے۔

۵۵۔ اور اپنے گھر والوں کو نماز اور زکوٰۃ کا حکم کرتے تھے اور اپنے رب کے پسندیدہ اور برگزیدہ تھے۔

۵۶۔ اور کتاب میں ادریسؑ کا بھی ذکر کرو، وہ بھی نہایت سچے نبی تھے۔

۵۷۔ اور ہم نے ان کو بلند مقام پر اٹھا لیا تھا۔

۵۸۔ یہ وہ لوگ ہیں جن پر اللہ نے اپنے پیغمبروں میں سے فضل کیا، یعنی آدم کی اولاد میں سے اور ان لوگوں میں سے جن کو ہم نے نوحؑ کے ساتھ کشتی میں سوار کیا اور ابراہیمؑ اور یعقوبؑ کی اولاد میں سے اور ان لوگوں میں سے جن کو ہم نے ہدایت دی اور برگزیدہ کیا، جب ان کے سامنے ہماری آیات پڑھی جاتی ہیں تو سجدے میں گر پڑتے ہیں اور روتے رہتے۔

۵۹. پھر ان کے بعد چند ناخلف ان کے جانشین ہوئے جنہوں نے نماز کو ضائع کر دیا، (گویا اسے کھو دیا) اور خواہشات نفسانی کے پیچھے لگ گئے، سو عنقریب ان کو گمراہی کی سزا ملے گی۔

۶۰. ہاں! جس نے توبہ کی اور ایمان لایا اور نیک عمل کیے تو ایسے لوگ بہشت میں داخل ہوں گے اور ان پر ذرا ظلم نہ کیا جائے گا۔

۶۱. ہمیشہ رہنے والی جنت جس کا اللہ نے اپنے بندوں سے وعدہ کیا ہے۔ اور جو ان کی آنکھوں سے پوشیدہ ہے بیشک اس کا وعدہ (نیک لوگوں کے سامنے) آنے والا ہے۔

۶۲. وہ اس میں سلام کے سوا کوئی بیہودہ کلام نہ سنیں گے اور ان کے لیے صبح و شام کا کھانا تیار ہو گا۔

۶۳. یہی وہ جنت ہے جس کا ہم اپنے بندوں میں سے ایسے شخص کو مالک بنائیں گے جو پرہیزگار ہو گا۔

۶۴. اور فرشتوں نے پیغمبر کو جواب دیا کہ ہم تمہارے رب کے حکم کے بغیر اتر نہیں سکتے، جو کچھ ہمارے آگے ہے اور جو کچھ پیچھے ہے اور جو ان کے درمیان ہے، سب اسی کا ہے اور تمہارا رب بھولنے والا نہیں۔

۶۵. آسمان اور زمین کا اور جو ان دونوں کے درمیان ہے سب کا پروردگار ہے تو اسی کی عبادت کرو اور اس کی عبادت پر ثابت قدم رہو۔ بھلا تم کوئی اس کا ہم نام جانتے ہو۔

٦٦. اور کافر کہتا ہے کہ جب میں مرجاؤں گا تو کیا زندہ کر کے نکالا جاؤں گا؟

٦٧. کیا انسان یاد نہیں کرتا کہ ہم نے اس کو پہلے بھی تو پیدا کیا تھا اور وہ کچھ بھی چیز نہ تھا۔

٦٨. تمہارے رب کی قسم ہم ان کو جمع کریں گے اور شیطانوں کو بھی، پھر ان سب کو جہنم کے گرد جمع کریں گے اور وہ گھٹنوں پر گرے ہوئے ہوں گے۔

٦٩. پھر ہر جماعت میں سے ہم ایسے لوگوں کو کھینچ نکالیں گے جو اللہ سے سخت سرکشی کرتے تھے۔

٧٠. اور ہم ان لوگوں سے خوب واقف ہیں جو اس میں داخل ہونے کے بہت لائق ہیں (زیادہ لائق ہیں)۔

٧١. اور تم میں سے کوئی شخص نہیں مگر اسے اس پر گزرنا ہوگا، یہ تمہارے رب پر لازم اور مقرر ہے۔

٧٢. پھر ہم پرہیز گاروں کو نجات دیں گے۔ اور ظالموں کو گھٹنوں کے بل پڑا ہوا چھوڑ دیں گے۔

٧٣. اور جب ان لوگوں کے سامنے ہماری آیتیں پڑھی جاتی ہیں تو جو کافر ہیں وہ مومنوں سے کہتے ہیں کہ دونوں فریق میں سے مکان کس کے اچھے اور مجلسیں کس کی بہتر ہیں۔

۷۴۔ اور ہم نے ان سے پہلے بہت سی امتیں ہلاک کر دیں وہ لوگ ان سے ٹھاٹھ اور نمود میں کہیں اچھے تھے۔

۷۵۔ کہہ دو کہ جو شخص گمراہی میں پڑا ہوا ہے، اللہ اس کو آہستہ آہستہ مہلت دیے جاتا ہے یہاں تک کہ جب اس چیز کو دیکھ لیں گے جس کا ان سے وعدہ کیا جاتا ہے خواہ عذاب، خواہ قیامت تو اس وقت جان لیں گے کہ مکان کس کا برا ہے اور لشکر کس کا کمزور ہے۔

۷۶۔ اور جو لوگ ہدایت پاتے ہیں اللہ ان کو زیادہ ہدایت دیتا ہے اور نیکیاں جو باقی رہنے والی ہیں وہ تمہارے رب کے صلے کے لحاظ خوب اور انجام کے اعتبار سے بہتر ہیں۔

۷۷۔ بھلا آپ نے اس شخص کو دیکھا جس نے ہماری آیتوں سے کفر کیا اور کہنے لگا کہ اگر میں دوبارہ زندہ ہوا بھی تو یہی مال اور اولاد مجھے وہاں ملے گا۔

۷۸۔ کیا اس نے غیب کی خبر پا لی ہے یا اللہ سے عہد لے لیا ہے؟

۷۹۔ ہرگز نہیں یہ جو کچھ کہتا ہے ہم اس کو لکھتے جاتے ہیں اور آہستہ آہستہ عذاب بڑھاتے جاتے ہیں۔

۸۰۔ اور جو چیزیں یہ بتاتا ہے ان کے ہم وارث ہوں گے اور یہ اکیلا ہمارے سامنے آئے گا۔

۸۱۔ اور ان لوگوں نے اللہ کے سوا اور معبود بنا لیے ہیں تاکہ وہ ان کے لیے عزت اور مدد کا سبب بنیں۔

۸۲. ہرگز نہیں وہ جھوٹے معبود ان کی عبادت سے انکار کردیں گے اور ان کے دشمن اور مخالف ہوں گے۔

۸۳. کیا آپ نے نہیں دیکھا کہ ہم نے شیطان کو کافروں پر مقرر کر رکھا ہے کہ ان کو برائی پر اکساتے رہتے ہیں۔

۸۴. تو آپ ان پر عذاب کے لیے جلدی نہ کرو اور ہم تو ان کے لیے دن شمار کر رہے ہیں۔

۸۵. جس دن ہم پرہیز گاروں کو اللہ کے سامنے مہمان کے طور پر حاضر کریں گے۔

۸۶. اور گنہگاروں کو دوزخ کی طرف پیاسے ہانک لیں گے (لے جائیں گے)

۸۷. تو لوگ کسی کی سفارش کا اختیار نہ رکھیں گے مگر جس نے اللہ سے اقرار لیا۔

۸۸. اور کہتے ہیں کہ اللہ بیٹا رکھتا ہے۔

۸۹. ایسا کہنے والو یہ تو تم بری بات زبان پر لاتے ہو۔

۹۰. قریب ہے کہ اس افترا سے آسمان پھٹ پڑیں اور زمین شق ہو جائے اور پہاڑ پارہ پارہ ہو کر گر پڑیں۔

۹۱. کہ انہوں نے اللہ کے لیے بیٹا تجویز کیا۔

۹۲. اور اللہ کے شایان نہیں کہ کسی کو بیٹا بنائے۔

۹۳. تمام لوگ جو آسمانوں اور زمین میں ہیں سب اللہ کے سامنے بندے ہو کر آئیں گے۔

۹۴. اس نے ان سب کو اپنے علم سے گھیر رکھا ہے اور ایک ایک کو شمار کر رکھا ہے۔

۹۵. اور سب قیامت کے دن اس کے سامنے اکیلے اکیلے حاضر کیے جائیں گے۔

۹۶. اور جو لوگ ایمان لائے اور نیک عمل کیے رحمن ان کو محبت عطا فرمائے گا۔

۹۷. (اے پیغمبر ﷺ) ہم نے یہ قرآن آپ کی زبان میں آسان نازل کیا ہے تاکہ آپ اس سے پرہیزگاروں کو خوشخبری پہنچا دیں اور جھگڑالو لوگوں کو ڈر سنا دیں۔

۹۸. اور ہم نے ان سے پہلے بہت سے گروہوں کو ہلاک کر دیا ہے بھلا آپ ان میں سے کسی کو دیکھتے ہو یا کہیں ان کی بھنک سنتے ہو۔

۲۰۔ سورۃ طٰہٰ

۱. طٰہٰ

۲. (اے نبی ﷺ!) ہم نے آپ پر قرآن اس لیے نازل نہیں کیا کہ آپ مشقت میں پڑ جاؤ۔

۳. بلکہ اس شخص کو نصیحت دینے کے لیے نازل کیا ہے جو خوف رکھتا ہے۔

۴. یہ اس ذات کا اتارا ہوا ہے جس نے زمین اور اونچے اونچے آسمان بنائے۔

۵. وہ رحمٰن عرش پر قائم ہے۔

۶. جو کچھ آسمانوں میں ہے اور جو کچھ زمین میں ہے اور جو کچھ ان دونوں کے بیچ میں ہے اور جو کچھ زمین کی مٹی کے نیچے ہے سب اسی کا ہے۔

۷. اگر تم پکار کر بات کہو تو وہ چھپے بھید اور نہایت پوشیدہ بات تک کو جانتا ہے۔

۸. اللہ وہ ہے اور اس کے سوا کوئی معبود نہیں ہے، اس کے سب نام اچھے ہیں۔

۹. اور کیا آپ کو موسیٰؑ کے حال کی خبر ملی ہے۔

۱۰. جب انہوں نے آگ دیکھی تو اپنے گھر والوں سے کہا کہ تم یہاں ٹھہرو میں نے آگ دیکھی ہے، میں وہاں جاتا ہوں شاید اس میں سے میں تمہارے پاس انگارے لاؤں یا آگ کے مقام کا رستہ معلوم کر سکوں۔

۱۱. جب وہاں پہنچے تو آواز آئی۔

۱۲. موسیٰ! میں تمہارا رب ہوں تم اپنا جوتا اتار دو تم یہاں پاک میدانِ طویٰ میں ہو۔

۱۳. اور میں نے تم کو چن لیا ہے۔ تو جو حکم دیا جائے اسے سنو!۔

۱۴. بیشک میں ہی اللہ ہوں، میرے سوا کوئی عبادت کے لائق نہیں تو میری عبادت کیا کرو اور میری یاد کے لیے نماز پڑھا کرو۔

۱۵. قیامت یقیناً آنے والی ہے، میں نے اس (کے وقت) کو مخفی رکھا ہے تاکہ ہر شخص کو اس کا بدلہ ملے جو اس نے کمایا ہے۔

۱۶. تو جو شخص اس پر ایمان نہیں رکھتا اور اپنی خواہش کے پیچھے چلتا ہے کہیں تمہیں اس کے یقین سے روک نہ دے تو اس صورت میں تم ہلاک ہو جاؤ۔

۱۷. اور اے موسیٰ! یہ تمہارے داہنے ہاتھ میں کیا ہے؟۔

۱۸. انہوں نے کہا یہ میری لاٹھی ہے اس پر میں سہارا لگاتا ہوں اور اس سے اپنی بکریوں کیلیئے پتے جھاڑتا ہوں اور اس میں میرے اور بھی کئی فائدے ہیں۔

۱۹. فرمایا: موسیٰ! اسے ڈال دو۔

۲۰. انہوں نے اس کو ڈال دیا اور وہ اسی وقت دوڑتا ہوا سانپ بن گئی۔

۲۱. اللہ نے فرمایا کہ اسے پکڑ لو اور ڈرنا مت ہم ابھی اس کو پہلی حالت پر لوٹا دیں گے۔

۲۲. اور اپنا ہاتھ بغل سے نکالو وہ کسی بیماری یا عیب کے بغیر سفید چمکتا دمکتا نکلے گا۔ یہ دوسری نشانی ہے۔

۲۳. تاکہ ہم تمہیں اپنی عظیم نشانیاں دکھائیں۔

۲۴. تم فرعون کے پاس جاؤ کہ وہ سرکش ہو رہا ہے۔

۲۵. کہا میرے رب! میرے لیے میرا سینہ کھول دے۔

۲۶. ور میرا کام آسان کر دے۔

۲۷. اور میری زبان کی گرہ کھول دے۔

۲۸. تاکہ وہ میری بات سمجھ سکیں۔

۲۹. اور میرے گھر والوں میں سے ایک کو میرا وزیر (مددگار) مقرر فرما۔

۳۰. یعنی میرے بھائی ہارونؑ کو۔

۳۱. اس سے میری قوت کو مضبوط کر۔

۳۲. اور اسے میرے کام میں شریک کر۔

۳۳۔ تاکہ ہم تیری بہت پاکی بیان کریں۔

۳۴۔ اور تجھے کثرت سے یاد کریں۔

۳۵۔ تو ہم کو ہر حال میں دیکھ رہا ہے۔

۳۶۔ فرمایا موسیٰ! تمہاری دعا قبول کی گئی۔

۳۷۔ اور ہم نے تم پر ایک اور بھی احسان کیا تھا۔

۳۸۔ جب ہم نے تیری ماں کی طرف وحی کے ذریعے پیغام بھیجا۔

۳۹۔ (وہ یہ تھا) کہ موسیٰ کو صندوق میں رکھو اور صندوق کو دریا میں ڈال دو تو دریا اس کو کنارے پر ڈال دے گا، اور میرا اور اس کا دشمن اسے اٹھا لے گا اور موسیٰ! میں نے تم پر اپنی طرف سے محبت ڈال دی اس لیے کہ تم پر مہربانی کی جائے اور اس لیے کہ تم میرے سامنے پرورش پاؤ۔

۴۰۔ جب تمہاری بہن (فرعون کے ہاں) گئی اور کہنے لگی کہ میں تمہیں ایسا شخص بتاؤں جو اس کو پالے، تو اس طریقہ سے ہم نے تم کو تمہاری ماں کے پاس پہنچا دیا تاکہ اس کی آنکھیں ٹھنڈی ہوں اور وہ رنج نہ کرے اور تم نے ایک شخص کو مار ڈالا تو ہم نے تم کو غم سے نجات دی اور ہم نے تمہاری کئی بار آزمائش کی، پھر تم کئی سال اہل مدین میں ٹھہرے رہے، پھر اے موسیٰ تم تقدیر کے مطابق ٹھیک اپنے وقت پر یہاں پر آپہنچے۔

۴۱۔ اور میں نے تم کو اپنے کام کے لیے بنایا ہے۔

201

۴۲۔ تو تم اور تمہارا بھائی دونوں ہماری نشانیاں لے کر جاؤ اور میری یاد میں سستی نہ کرنا۔

۴۳۔ دونوں فرعون کے پاس جاؤ وہ سرکش ہو رہا ہے۔

۴۴۔ اور اس سے نرمی سے بات کرنا شاید وہ غور کرے یا ڈر جائے۔

۴۵۔ دونوں کہنے لگے کہ ہمارے پروردگار ہمیں خوف ہے کہ وہ ہم پر ظلم کرنے لگے یا زیادہ سرکش ہو جائے۔

۴۶۔ اللہ نے فرمایا ڈرو مت میں تمہارے ساتھ ہوں اور سنتا ہوں اور دیکھتا ہوں۔

۴۷۔ اچھا تو اس کے پاس جاؤ اور کہو کہ ہم آپ کے رب کے بھیجے ہوئے ہیں، تو بنی اسرائیل کو ہمارے ساتھ جانے کی اجازت دیجیے اور انہیں عذاب نہ کیجیے۔ ہم آپ کے پاس آپ کے رب کی طرف سے نشانی لے کر آئے ہیں اور جو ہدایت کی بات مانے اس کو سلامتی ہو۔

۴۸۔ ہماری طرف یہ وحی آئی ہے کہ جو جھٹلائے یا منہ پھیرے اس کے لیے عذاب تیار ہے۔

۴۹۔ اس نے کہا کہ موسیٰ تمہارا پروردگار کون ہے؟

۵۰۔ کہا ہمارا پروردگار وہ ہے جس نے ہر چیز کو اس کی شکل صورت بخشی پھر راہ دکھائی۔

۵۱. کہا تو پہلی جماعتوں کا کیا حال؟

۵۲. کہا کہ ان کا علم میرے رب کو ہے جو کتاب میں لکھا ہوا ہے، میرا رب نہ بھولتا ہے نہ چوکتا ہے۔

۵۳. وہ وہی تو ہے جس نے تم لوگوں کے لیے زمین کو فرش بنایا اور اس میں تمہارے لیے رستے جاری کیے اور آسمان سے پانی برسایا پھر اس نے قسم قسم کی نباتات پیدا کیں۔

۵۴. کہ خود بھی کھاؤ اور اپنے جانوروں کو بھی چراؤ، بیشک ان باتوں میں عقل والوں کے لیے بہت نشانیاں ہیں۔

۵۵. اسی زمین سے ہم نے تم کو پیدا کیا اور اسی میں تمہیں لوٹائیں گے اور اسی سے دوسری دفعہ نکالیں گے۔

۵۶. اور ہم نے فرعون کو اپنی سب نشانیاں دکھائیں مگر وہ جھٹلاتا رہا اور انکار ہی کرتا رہا۔

۵۷. کہنے لگا موسیٰ! کیا تم ہمارے پاس اس لیے آئے ہو کہ اپنے جادو کے زور سے ہمیں ہمارے ملک سے نکال دو؟

۵۸. تو ہم بھی تمہارے مقابل ایسا ہی جادو لائیں گے تو ہمارے اور اپنے درمیان ایک وقت مقرر کر لو کہ نہ تو ہم اس کے خلاف کریں اور نہ تم اور یہ مقابلہ ایک ہموار میدان میں ہوگا۔

.۵۹ موسیٰ نے کہا کہ آپ کے لیے یوم زینت کا وعدہ ہے اور یہ کہ لوگ اس دن چاشت کے وقت اکٹھے ہو جائیں۔

.٦٠ فرعون لوٹ گیا اور اپنے سامان جمع کر کے پھر آیا۔

.٦١ موسیٰ نے ان جادوگروں سے کہا کہ ہائے تمہاری کمبختی اللہ پر جھوٹا بہتان نہ باندھو، کہ وہ تمہیں عذاب سے فنا کر دے گا، اور جس نے جھوٹ گھڑا وہ نامراد رہا۔

.٦٢ تو وہ آپس میں جھگڑنے اور چپکے چپکے سرگوشی کرنے لگے۔

.٦٣ کہنے لگے یہ دونوں جادوگر ہیں چاہتے ہیں کہ اپنے جادو کے زور سے تم کو تمہارے ملک سے نکال دیں اور تمہارے اچھے مذہب کو ختم کر دیں۔

.٦٤ تو تم جادو کا سامان اکٹھا کر لو، اور پھر قطار باندھ کر آؤ۔ آج جو غالب رہا وہی کامیاب ہوا۔

.٦٥ بولے کہ موسیٰ یا تو تم اپنی چیز ڈالو یا ہم اپنی چیزیں پہلے ڈالتے ہیں۔

.٦٦ موسیٰ نے کہا نہیں تم ہی ڈالو، جب انہوں نے چیزیں ڈالیں تو اچانک ان کی رسیاں اور لاٹھیاں موسیٰ کے خیال میں ایسی نظر آنے لگیں کہ وہ میدان میں ادھر اُدھر دوڑ رہی ہیں۔

.٦٧ اس وقت موسیٰ نے اپنے دل میں خوف معلوم کیا۔

.٦٨ ہم نے کہا خوف نہ کر بلاشبہ تم ہی غالب ہو۔

۶۹. اور جو چیز (یعنی لاٹھی) تمہارے داہنے ہاتھ میں ہے اسے ڈال دو کہ جو کچھ انہوں نے بنایا ہے اس کو نگل جائے گی۔ جو کچھ انہوں نے بنایا ہے یہ تو جادوگروں کے مکر ہیں اور جادوگر جہاں جائے فلاح نہیں پائے گا۔

۷۰. (القصہ یوں ہی ہوا) تو جادوگر سجدے میں گر پڑے اور کہنے لگے کہ ہم موسیٰؑ اور ہارونؑ کے رب پر ایمان لائے۔

۷۱. فرعون بولا پیشتر اس کے کہ میں تمہیں اجازت دوں تم اس پر ایمان لے آئے بیشک وہ تمہارا بڑا ہی استاد ہے۔ جس نے تم کو جادو سکھایا ہے۔ سو میں تمہارے ہاتھ اور پاؤں جانب خلاف (یعنی سیدھا ہاتھ تو الٹا پاؤں) سے کٹوا دوں گا اور کھجور کے تنے پر سولی چڑھا دوں گا، اس وقت تم کو معلوم ہوگا کہ ہم میں سے کس کا عذاب زیادہ سخت اور دیر تک رہنے والا ہے۔

۷۲. انہوں نے کہا جو دلائل ہمارے پاس آ گئے ہیں، ان پر اور جس نے ہم کو پیدا کیا ہے اس پر ہم آپ کو ہرگز ترجیح نہیں دیں گے۔ تو آپ کو جو حکم دینا ہے دے دیجئے اور آپ جو حکم دے سکتے ہیں وہ صرف اسی دنیا کی زندگی میں دے سکتے ہیں۔

۷۳. ہم اپنے رب پر ایمان لے آئے، تاکہ وہ ہمارے گناہوں کو معاف کر دے اور اسے بھی جو آپ نے زبردستی ہم سے جادو کروایا، اور اللہ بہتر اور باقی رہنے والا ہے۔

۷۴. جو شخص اپنے رب کے پاس گنہگار ہو کر آئے گا تو اس کے لیے جہنم ہے، جس میں نہ مرے گا اور نہ جیئے گا۔

۷۵. اور جو اس کے سامنے مسلم ہو کر آئے گا اور عمل بھی نیک کیے ہوں گے تو ایسے لوگوں کے لیے اونچے اونچے درجے ہیں۔

۷۶. ہمیشہ رہنے کے باغ جن کے نیچے نہریں بہہ رہی ہوں گی، ہمیشہ ان میں رہیں گے اور یہ اس شخص کا بدلہ ہے جو پاک ہو۔

۷۷. اور ہم نے موسیٰؑ کی طرف وحی بھیجی کہ ہمارے بندوں کو راتوں رات نکال لے جا، پھر ان کے لیے دریا میں لاٹھی مار کر خشک رستہ بنا دو پھر تم کو نہ تو فرعون کے آ پکڑنے کا خوف ہو گا اور نہ غرق ہونے کا ڈر۔

۷۸. فرعون نے اپنے لشکر کے ساتھ ان کا تعاقب کیا تو دریا کی موجوں نے ان پر چڑھ کر انہیں ڈھانک لیا۔ (یعنی ڈبو دیا)

۷۹. اور فرعون نے اپنی قوم کو گمراہ کر دیا اور سیدھے رستے پر نہ ڈالا۔

۸۰. اے آل یعقوب! ہم نے تم کو تمہارے دشمن سے نجات دی اور تورات دینے کے لیے تم سے کوہ طور کی داہنی طرف مقرر کی اور تم پر من اور سلویٰ نازل کیا۔

۸۱. اور حکم دیا کہ جو پاکیزہ چیزیں ہم نے تم کو دی ہیں ان کو کھاؤ۔ اور ان میں حد سے نہ نکلنا ورنہ تم پر میرا غضب نازل ہو گا اور جس پر میرا غضب نازل ہوا وہ ہلاک ہو گیا۔

۸۲.	اور جو توبہ کرے ایمان لائے اور نیک عمل کرے، پھر سیدھے رستے چلے اس کو میں بخش دینے والا ہوں۔

۸۳.	اور اے موسیٰ! تم نے اپنی قوم سے آگے چلے آنے میں جلدی کیوں کی؟۔

۸۴.	کہا وہ میرے پیچھے آ رہے ہیں اور اے میرے رب میں نے تیرے پاس آنے میں اس لیے جلدی کی کہ تو خوش ہو۔

۸۵.	فرمایا ہم نے تمہاری قوم کو آزمائش میں ڈال دیا ہے اور سامری نے ان کو بہکا دیا ہے۔

۸۶.	موسیٰؑ غصہ اور غم کی حالت میں اپنی قوم کے پاس واپس آئے اور کہنے لگے کیا تمہارے رب نے تم سے اچھا وعدہ نہیں کیا تھا؟ کیا میری جدائی کی مدت تمہیں لمبی معلوم ہوئی؟ یا تم نے چاہا کہ تم پر تمہارے رب کا غضب نازل ہو؟ اور اس لیے تم نے مجھ سے جو وعدہ کیا تھا اس کے خلاف کیا۔

۸۷.	وہ کہنے لگے کہ ہم نے جان کر تم سے وعدہ خلافی نہیں کی بلکہ ہم لوگوں کے زیورات کا بوجھ اٹھائے ہوئے تھے پھر ہم نے اس کو آگ میں ڈال دیا اور اسی طرح سامری نے ڈال دیا۔

۸۸. تو اس نے ان کے لیے ایک بچھڑا بنا دیا (یعنی گائے کا بت بنا دیا) جس میں سے گائے کی آواز نکلتی تھی (ہوا کے گزرنے سے) تو لوگ کہنے لگے کہ یہی تمہارا معبود ہے اور یہی موسیٰ کا معبود ہے، مگر وہ بھول گئے ہیں۔

۸۹. کیا یہ لوگ نہیں دیکھتے کہ وہ ان کی کسی بات کا جواب نہیں دیتا اور نہ ان کے نقصان اور نفع کا کچھ اختیار رکھتا ہے۔

۹۰. اور ہارونؑ نے ان سے پہلے ہی کہہ دیا تھا کہ لوگو! اس سے صرف تمہاری آزمائش کی گئی ہے اور تمہارا رب تو رحمٰن ہے تو میری پیروی کرو اور میرا کہا مانو۔

۹۱. وہ بولے کہ جب تک موسیٰ ہمارے پاس نہ آئے ہم تو اس کی پوجا پر قائم رہیں گے۔

۹۲. پھر موسیٰ نے ہارونؑ سے کہا کہ اے ہارون! جب تم نے ان کو دیکھا تھا کہ گمراہ ہو گئے ہیں تو تم کو کس چیز نے روکا۔

۹۳. اس بات سے کہ تم میرے پیچھے چلے آؤ بھلا تم نے میرے حکم کے خلاف کیوں کیا؟۔

۹۴. کہنے لگے کہ بھائی میری ڈاڑھی اور سر کے بالوں کو نہ پکڑیے میں تو اس سے ڈرا کہ آپ یہ نہ کہیں کہ تم نے بنی اسرائیل میں تفرقہ ڈال دیا اور میری بات کو ملحوظ نہ رکھا۔

۹۵. پھر سامری سے بولے سامری تیرا کیا حال ہے؟۔

۹۶. اس نے کہا کہ میں نے ایسی چیز دیکھی جو اوروں نے نہیں دیکھی تو میں نے فرشتے کے قدم سے ایک مٹھی مٹی کی بھر لی، پھر اس کو اس (بچھڑے کے) بت میں ڈال دیا اور مجھے میرے دل نے اس کام کو اچھا بتایا۔

۹۷. موسیٰ نے کہا جا تجھ کو دنیا کی زندگی میں یہ سزا ہے کہ کہتا رہے مجھ کو ہاتھ نہ لگانا اور تیرے لیے ایک اور وعدہ ہے عذاب کا جو ٹل نہ سکے گا اور جس معبود کی پوجا پر تو قائم اور معتکف تھا اس کو دیکھ، ہم اسے جلا دیں گے، پھر اس کی راکھ کو اڑا کر دریا میں بہا دیں گے۔

۹۸. تمہارا معبود اللہ ہی ہے، جس کے سوا کوئی معبود نہیں، اس کا علم ہر چیز پر محیط ہے۔

۹۹. اس طرح ہم آپ پر وہ حالات بیان کرتے ہیں جو گزر چکے ہیں۔ اور ہم نے اپنے پاس سے آپ کو نصیحت کی کتاب عطا فرمائی ہے۔

۱۰۰. جو شخص اس سے منہ پھیرے گا وہ قیامت کے دن گناہ کا بوجھ اٹھائے گا۔

۱۰۱. ایسے لوگ ہمیشہ عذاب میں مبتلا رہیں گے اور یہ بوجھ قیامت کے روز ان کے لیے برا ہو گا۔

۱۰۲. جس روز صور پھونکا جائے گا اور ہم گنہگاروں کو اکٹھا کریں گے اور ان کی آنکھیں نیلی نیلی ہوں گی۔

۱۰۳. تو وہ آپس میں آہستہ آہستہ کہیں گے کہ تم دنیا میں صرف دس ہی دن رہے ہو۔

۱۰۴۔ جو باتیں یہ کریں گے ہم خوب جانتے ہیں اس وقت ان میں سے اچھی راہ والا (یعنی عقل مند اور) کہے گا کہ نہیں بلکہ صرف ایک ہی روز ٹھہرے ہو۔

۱۰۵۔ اور تم سے پہاڑوں کے بارے میں دریافت کرتے ہیں، فرما دیں کہ اللہ ان کو اڑا کر بکھیر دے گا۔

۱۰۶۔ اور زمین کو ہموار اور میدان کر دے گا۔

۱۰۷۔ جس میں تم نہ نشیب دیکھو گے نہ ٹیلا۔

۱۰۸۔ اس روز لوگ ایک پکارنے والے کے پیچھے چلیں گے اور اس کی پیروی سے انحراف نہ کر سکیں گے اور اللہ کے سامنے آوازیں پست ہو جائیں گی (اللہ کے ڈرسے) اور سوائے ہلکی آہٹ کے کچھ سنائی نہ دے گا۔

۱۰۹۔ اس روز کسی کی سفارش کچھ فائدہ نہ دے گی مگر اس شخص کی جسے اللہ اجازت دے اور اس کی بات کو پسند فرمائے۔

۱۱۰۔ جو کچھ ان کے آگے ہے اور جو کچھ ان کے پیچھے ہے وہ اس کو جانتا ہے اور وہ اپنے علم سے اللہ کے علم پر احاطہ نہیں کر سکتے۔

۱۱۱۔ اور اس زندہ و قائم کے سامنے چہرے جھک جائیں گے اور جس نے ظلم کا بوجھ اٹھایا وہ نامراد رہا۔

۱۱۲۔ اور جو نیک کام کرے گا اور مومن بھی ہوگا تو اس کو نہ ظلم کا خوف ہوگا اور نہ نقصان کا۔

۱۱۳۔ اور ہم نے اس کو اسی طرح کا قرآن عربی نازل کیا ہے اور اس میں طرح طرح کے ڈراوے بیان کر دیے ہیں تاکہ لوگ پرہیزگار بنیں یا اللہ ان کے لیے نصیحت پیدا کر دے۔

۱۱۴۔ تو اللہ جو سچا بادشاہ ہے عالی قدر ہے اور قرآن کی وحی جو تمہاری طرف بھیجی جاتی ہے اس کے پورا ہونے سے پہلے قرآن کے پڑھنے کے لیے جلدی نہ کیا کرو اور دعا کرو کہ میرے رب! مجھے اور زیادہ علم دے۔

۱۱۵۔ اور ہم نے پہلے آدم سے عہد لیا تھا مگر وہ اسے بھول گئے اور ہم نے ان میں صبر و ثبات نہ دیکھا۔

۱۱۶۔ اور جب ہم نے فرشتوں سے کہا کہ آدم کے آگے سجدہ کرو، تو سب سجدے میں گر پڑے مگر ابلیس نے انکار کیا۔

۱۱۷۔ ہم نے کہا کہ آدم یہ تمہارا اور تمہاری بیوی کا دشمن ہے تو یہ تم دونوں کو کہیں بہشت سے نکلوا نہ دے، پھر تم تکلیف میں پڑ جاؤ۔

۱۱۸۔ یہاں تمہیں یہ آسائش ہے کہ نہ بھوکے رہو نہ ننگے۔

۱۱۹۔ اور یہ کہ نہ پیاسے رہو اور نہ دھوپ کھاؤ۔

۱۲۰.	توشیطان نے ان کے دل میں وسوسہ ڈالا اور کہا کہ آدم بھلا میں تم کو ایسا درخت بتاؤں جو ہمیشہ کی زندگی کا ثمرہ دے اور ایسی بادشاہت کہ کبھی زائل نہ ہو۔

۱۲۱.	تو دونوں نے اس درخت کا پھل کھا لیا تو ان پر ان کی شرمگاہیں ظاہر ہو گئیں اور وہ اپنے بدنوں پر پتے چپکانے لگے اور آدم نے اپنے رب کے حکم کے خلاف کیا تو وہ اپنے مطلوب سے بہک گیا۔

۱۲۲.	پھر ان کے رب نے ان کو نوازا تو ان پر مہربانی سے توجہ فرمائی اور سیدھی راہ بتائی۔

۱۲۳.	فرمایا کہ تم دونوں یہاں سے اتر جاؤ تم میں بعض بعض کے دشمن ہوں گے پھر اگر میری طرف سے تمہارے پاس ہدایت آئے تو جو شخص میری ہدایت کی پیروی کرے گا، وہ نہ گمراہ ہوگا اور نہ تکلیف میں پڑے گا۔

۱۲۴.	اور جو میری نصیحت سے منہ پھیرے گا اس کی زندگی تنگ ہو جائے گی اور قیامت کو ہم اسے اندھا کر کے اٹھائیں گے۔

۱۲۵.	وہ کہے گا میرے رب تو نے مجھے اندھا کر کے کیوں اٹھایا میں تو دیکھتا بھالتا تھا؟۔

۱۲۶.	اللہ فرمائے گا کہ ایسا ہی چاہیے تھا تیرے پاس میری آیتیں آئیں تو تو نے ان کو بھلا دیا اسی طرح آج ہم تم کو بھلا دیں گے۔

۱۲۷۔ اور جو شخص حد سے نکل جائے اور اپنے رب کی آیتوں پر ایمان نہ لائے ہم اس کو ایسا ہی بدلہ دیتے ہیں اور آخرت کا عذاب بڑا سخت اور بہت دیر رہنے والا ہے۔

۱۲۸۔ کیا یہ بات ان لوگوں کے لیے ہدایت کا موجب نہ ہوئی کہ ہم ان سے پہلے بہت سے فرقوں کو ہلاک کر چکے ہیں، جن کے رہنے کے مقامات پر یہ چلتے پھرتے ہیں؟ عقل والوں کے لیے اس میں بہت سی نشانیاں ہیں۔

۱۲۹۔ اور اگر ایک بات تمہارے رب کی طرف سے پہلے صادر اور جزائے اعمال کے لیے ایک میعاد مقرر نہ ہو چکی ہوتی تو عذاب کا نازل ہونا لازم ہو جاتا۔

۱۳۰۔ پس جو کچھ یہ کہتے ہیں اس پر صبر کرو اور سورج نکلنے سے پہلے اور اس کے غروب ہونے سے پہلے اپنے رب کی تسبیح و تحمید کیا کرو۔ اور رات کے پہلے پہر میں اس کی تسبیح کیا کرو اور دن کی اطراف (یعنی دوپہر کے قریب ظہر کے وقت بھی) تاکہ تم خوش ہو جاؤ۔

۱۳۱۔ اور کئی طرح کے لوگوں کو جو ہم نے دنیا کی زندگی میں آرائش کی چیزوں سے مالا مال کیا ہے تاکہ ان کی آزمائش کریں، ان پر نگاہ نہ کرنا اور تمہارے رب کی عطا کی ہوئی روزی بہت بہتر اور باقی رہنے والی ہے۔

۱۳۲۔ اور اپنے گھر والوں کو نماز کا حکم کرو اور اس پر قائم رہو ہم تم سے روزی کے خواستگار نہیں بلکہ تمہیں روزی دیتے ہیں۔ اور نیک انجام اہل تقویٰ کا ہے۔

۱۳۳۔ اور کہتے ہیں کہ یہ پیغمبر اپنے رب کی طرف سے ہمارے پاس کوئی نشانی کیوں نہیں لاتے؟ کیا ان کے پاس پہلی کتابوں کی نشانی نہیں آئی؟

۱۳۴۔ اور اگر ہم ان کو پیغمبر بھیجنے سے پیشتر کسی عذاب سے ہلاک کر دیتے تو وہ کہتے، اے ہمارے رب تو نے ہماری طرف کوئی پیغمبر کیوں نہ بھیجا؟ کہ ہم ذلیل ورسوا ہونے سے پہلے تیرے کلام واحکام کی پیروی کرتے۔

۱۳۵۔ کہہ دو کہ سب نتائج اعمال کے منتظر ہیں سو تم بھی انتظار کرو۔ عنقریب تم کو معلوم ہو جائے گا کہ دین کے سیدھے رستے پر چلنے والے کون ہیں۔

***

www.ingramcontent.com/pod-product-compliance
Lightning Source LLC
LaVergne TN
LVHW010205070526
838199LV00062B/4502
* 9 7 8 9 3 6 9 0 8 6 8 3 2 *